Victor Jürgen v. der Osten
Auf den Spuren Alt-Ricklingens

Zur Ricklinger Geschichte
und Geschichten eines Ricklingers

Victor Jürgen v. der Osten

Auf den Spuren Alt-Ricklingens

Zur Geschichte Ricklingens und Geschichten eines Ricklingers

Reichold Verlag Hannover

Die Deutsche Bibliothek - CIP-Einheitsaufnahme
Osten, Victor Jürgen v. der:
Auf den Spuren Alt-Ricklingens / Victor Jürgen v. der Osten. -
Hannover: Reichold 1995
ISBN 3-930459-10-8

ISBN 3-930459-10-8
© 1995 Reichold Verlag, Hannover
1. Auflage 1995
2. Auflage 1996
Druck und Bindung: poppdruck, Langenhagen
Die Schwarz-weiß-Abbildungen entstammen dem
Privatarchiv des Autors; Farbfotos von Hans Dieter Keyl;
Abbildung Seite 30 von Ulrich Kirmes;
Karte von Ricklingen: Historisches Museum Hannover.

Inhalt

5

Die Beekestraße in den zwanziger Jahren

Vorwort

Von diesen Aufzeichnungen erwarte man keine umfassende Ricklinger Geschichte; es handelt sich höchstens um einen kleinen Beitrag zur Historie des ehemaligen Dorfes vor Hannover. Weitgehend berichte ich lediglich Geschichten, wie ich sie gelesen, gehört oder selbst erlebt habe. Es sind ernste und heitere, sagenhafte und tatsächliche Ereignisse. Ich erzähle sie bei einem Rundgang durch Alt-Ricklingen, in dem ich aufgewachsen bin und in dem ich den größten Teil meines Lebens verbrachte, das also wahrlich meine Heimat ist. Wenn ich diese Erzählungen mit persönlichen Erinnerungen mische, so mag man mir dies nachsehen. Ich versuchte, nur solche hier festzuhalten, die von allgemeinem Interesse sein könnten, zumal wenn sie zeittypisch sind. Verständnis hoffe ich auch für meine architektur-kritischen Anmerkungen zu finden; die Eingriffe in ein Ortsbild - insbesondere wenn es sich um ein derart typisches wie das Alt-Ricklingens handelt - sind jedoch von nicht zu unterschätzender Bedeutung für das Wohlbefinden seiner Bewohner, so daß man diesem Thema höchste Aufmerksamkeit schuldig ist.

Diese Notizen sollen und können also kein Ricklinger Geschichtsbuch ersetzen. Wer hierüber Näheres erfahren möchte, informiere sich vor allem anhand folgender Werke:

D. Paul Graff, Zur älteren Geschichte der Gemeinde Ricklingen vor Hannover (1953)
Richard Böttcher, Allerlei Wissenswertes über Ricklingen "vor Hannover" (1967)
Horst Schweimler, Ricklingen - Ein Dorf - zwei Stadtteile in Hannover - seine Geschichte - seine Menschen (1986)

Natürlich habe ich - wie aus anderen Quellen, so zum Beispiel dem Urkundenbuch der Familie v. Alten - aus diesen Unterlagen geschöpft. Auch ich bin darum deren Verfassern dankbar, daß sie das Material zur Ricklinger Geschichte zusammengetragen und verständlich aufgearbeitet haben. Nicht unerwähnt sei aber auch die von Horst Kruse in akribischer Mühe zusammengestellte Dokumentation "Ricklinger Hof- und Hausbesitzer 1550-1978", die eine Fundgrube für Detailinformationen ist. Die meisten der im vorliegenden Bändchen veröffentlichten Fotos vom alten Ricklingen verdanke ich der Sammlung von Dr. Wilhelm Völksen, der die Beschäftigung mit Ricklingen zu seinem lebenslang währenden Hobby gemacht hatte.

Besonderen Dank schulde ich aber all denen - mögen sie noch leben oder bereits gestorben sein - die mir "Ricklinger Dönekens" erzählt haben. Immer hieß es, daß man diese einmal aufschreiben müßte; ich habe das nun versucht und hoffe, damit Freude zu bereiten, ganz im Sinne der Ricklinger Nationalhymne: "Hoch Ricklingen - fidelet Dörp!"

Diese Aufzeichnungen widme ich der von mir 1994 gegründeten "Stiftung Edelhof Ricklingen" - mögen sie dazu beitragen, daß diese gemeinnützige Einrichtung zum Wohle bedürftiger Personen und Objekte neue Freunde gewinnt.

Edelhof Ricklingen, im Sommer 1995

Victor Jürgen v. der Osten

Zur Historie Ricklingens

Wir beginnen unseren Spaziergang im "Dorf", wie wir diesen Teil Unterricklingens im Gegensatz zur "Stadt" - womit die Innenstadt Hannovers gemeint ist - immer noch nennen, und zwar im Kreipeweg. Diese Straße war früher der westliche Teil der Beekestraße und erhielt in den 70er Jahren ihren Namen nach dem letzten Bürgermeister des Dorfes Ricklingen. Hiermit sollte daran erinnert werden, daß Ricklingen über lange Jahrhunderte ein selbständiges Dorf war, das erst 1913 von der Stadt Linden und mit dieser zusammen 1920 von Hannover eingemeindet wurde. Dieses zum welfischen Fürstentum Calenberg gehörende Dorf Ricklingen kann auf eine lange Geschichte zurückblicken, wird es doch bereits 1124 urkundlich erwähnt, und zwar im Zusammenhang mit Dietrich von Ricklingen, der der Familie der Edelherren von Ricklingen angehörte, die im Calenberger Land über reichen Grundbesitz verfügte und in Ricklingen ihren Stammsitz hatte. Die Edelherren von Ricklingen starben allerdings bereits im zwölften Jahrhundert aus, so daß die Familie v. Alten, auf die wir später noch zu sprechen kommen, als Lehensträger der Bischöfe von Minden nach Ricklingen kam.

Den Namen Ricklingen bringen Heimatforscher mit dem vorgermanischen Stamm der Riklenken in Verbindung. Ausgrabungen ergaben, daß schon in der jüngeren Steinzeit - also vor rund 4000 Jahren - hier Menschen gelebt haben. Auch zeugen Funde aus der Bronze- (2000 bis 800 v. Chr.) sowie frühsächsischen Zeit (400 bis 600 nach Christus) von einer frühen Besiedlung dieses Gebiets.Einen Anhaltspunkt über die Größe des Dorfes geben folgende Zahlen: 1585 befanden sich in Ricklingen neben dem Rittergut der Familie v. Alten die Höfe von zwölf Voll- und zwei Halbmeiern sowie 23 Kötnern. Zählte Ricklingen um 1700 etwa 400 Einwohner, so stieg diese Zahl bis 1850 auf knapp 600 und bis 1900 auf rund 3000. Bei der letzten Zählung vor der Eingemeindung nach Linden wohnten 5817 Menschen in Ricklingen.

Das Jahrhunderthochwasser

Doch zurück zum Kreipeweg, wo das heutige Haus Nr. 1 (damals Beekestr. 50) in meinen Kindheitserinnerungen eine besondere Rolle spielt. Als im Mai 1945 die Engländer den Edelhof beschlagnahmten, und meine Großmutter mit zwei ihrer Töchter und uns Enkelkindern das Gutshaus verlassen mußte, fand meine Mutter mit meiner Schwester und mir in diesem Haus, das der Schwester unseres Gärtners Oppermann - genannt "Mama Großkopf" - gehörte, eine Bleibe. Wir hausten hier in der ersten Etage in zwei kleinen Zimmern mit sieben Personen; denn bald kam mein Vater aus dem Kriege heim, und außerdem nahmen wir ein aus Mitteldeutschland geflohenes Ehepaar mit ihrem Sohn auf. Ich kann mich nur an wenige Einzelheiten aus dieser Zeit erinnern, so an die abendlichen Besuche eines auf dem Edelhof einquartierten englischen Besatzungssoldaten, der sich entgegen dem Fraternisierungsverbot mit meinen Eltern angefreundet hatte und bei Dunkelheit heimlich zu ihnen kam. Er war entsetzt, daß ich voller Begeisterung mit einem feuerspeienden Panzer spielte. Er wäre heute sicherlich zufrieden, wenn er wüßte, daß ich mich trotz dieses kriegerischen Spielzeugs nicht gerade zu einem Militaristen entwickelt habe!

In meiner Erinnerung ist auch noch, daß meine Schwester und ich die von den Engländern auf die Straße geworfenen Zigarettenkippen - sie rauchten nie wie die Deutschen bis zum letzten Zug - aufsammelten. Den Tabak wickelten wir aus und taten ihn in eine Dose, die wir dann zu Weihnachten unserem Vater überreichten. Unser Vater nahm das von uns als prächtig empfundene Geschenk auch dankbar entgegen. Sicherlich schmeckten ihm diese als Pfeifentabak benutzten Zigarettenreste wesentlich besser als die ihm einige Zeit später von einer jungen Schauspielerin, die ihr Herz an ihn verloren hatte, zum selben Zweck kredenzten getrockneten Rosenblätter. Den Sammeleifer hatten wir wohl den Ricklingern abgesehen, die die Äpfel der Besatzungspferde aufschaufelten, um diesen als dringend benötigten Dünger für ihre Gärten zu benutzen.

Die Erinnerungen an diese Zeit werden dominiert durch das "Jahrhunderthochwasser", von dem Ricklingen im Februar 1946 betroffen wurde, als die Leine einmal wieder über ihre Ufer trat. Kein Mensch hatte mit einer Katastrophe dieses Ausmaßes gerechnet. Ich sehe noch, wie meine Großmutter vor dem Haus Edelhof 1 mit dem Besen einen kleinen Damm aus Sand und Steinen zusammenschob und meinte, daß das Wasser hierüber wohl nicht steigen werde. Daß es anders kam, merkten meine Schwester und ich spätestens, als wir von der Ecke Beeke-/Stammestraße aus, wo wir auf unsere Mutter warteten, die schnell noch per Fahrrad unseren Großeltern einige Lebensmittel bringen wollte, das Wasser um die Ecke Hahnensteg auf uns zufließen sahen. Seitdem weiß ich um die Urkraft des Wassers, der gegenüber der Mensch bei weitem hilfloser ist als beim ansonsten ebenso schrecklichen Feuer.

In rasanter Geschwindigkeit ergossen sich nun die Wassermassen über Ricklingen, so daß dieses und darüber hinaus weite Flächen Lindens und Hannovers bis fast zum Zentrum in den Fluten versanken. Als Grund für diese Katastrophe wurde in Ricklingen allgemein angenommen, daß die Talsperren im Harz falsch bedient worden waren. Die Direktoren hätte man als ehemalige Nazis entlassen, die neu eingesetzten Leiter seien zwar parteipolitisch unbelastet, aber eben auch keine Fachleute. Von der Höhe der Flut kann man sich heute noch durch Markierungen an verschiedenen Häusern in Ricklingen - so Beekestraße 55, Stammestr. 22 und am Pfarrhaus in der Pfarr-/Ecke Stammestraße, überzeugen. Plastisch werden die Wassermassen auch, wenn man weiß, daß das Gebäude Edelhof 1 nahezu bis zur gut 2 m hohen Galerie in der ersten Etage unter Wasser stand. Anfangs ruderten die Engländer noch durch die "Groot Dör" in dieses Haus, bald war ihnen dies aber wegen des inzwischen zu hohen Wasserstandes nicht mehr möglich. Da damals an einen Rettungsdienst nicht zu denken war, kann man sich vorstellen, welche Gefühle die Bewohner dieses Gebäudes, die sich in die obere Etage und auf den Dachboden geflüchtet hatten, bewegten, zumal eine Wand im Parterre durch die Wassermassen niedergerissen wurde und zahlreiche Einrichtungsgegenstände - darunter wertvolle Möbel - in der Diele schwammen. Bei früheren Hochwassern ragte der höher als das übrige Dorf liegende Edelhof wie eine Insel aus der Flut heraus, so daß die Bauern Ricklingens ihr Vieh hierher trieben. Beim Hochwasser 1946 stand das Wasser selbst im Herrenhaus eineinhalb Meter hoch! Schrecklich anzusehen waren die im

Wasser treibenden ersoffenen Tiere, insbesondere Kühe und Schafe. Zum Glück gelang es dem Bauern Großkopf, seine rund 400köpfige Schafherde nahezu vollständig zu retten, indem er mit Hilfe eines englischen Sergeanten Stück für Stück schulterte, um die Tiere auf den Boden seines Hauses zu bringen. Bei der Größe seiner Herde konnte ihm dies jedoch sicherlich nicht vollauf gelingen.

Neben diesen traurigen Bildern kann ich mich allerdings auch an lustige Geschichten aus jenen Tagen erinnern: So habe ich noch plastisch vor Augen, wie ein paar Engländer, die von einem Floß aus, das sie sich für eine sie belustigende Paddeltour aus alten Edelhof-Parkbäumen und kostbaren Möbeln des Herrenhauses gezimmert hatten, uns höhnisch mit dem Zylinder meines Vaters zuwinkten, dann aber, übermütig geworden, plötzlich kenterten. So lernte ich Schadenfreude kennen. Ähnlich war es, als ein Amphibienfahrzeug, mit dem englische Offiziere uns beweisen wollten, wie technisch fortschrittlich sie seien, im Wasser steckenblieb. Besonders lustig fanden wir Kinder auch das Klo, das sich im Hochparterre befand und in den ersten Tagen des Hochwassers bereits zur Hälfte im

Das Hochwasser 1946: Am Ricklinger Stadtweg Ecke Nordfeldstraße

Wasser stand, so daß wir es zwar noch benutzen konnten, unsere Beine aber schon im Wasser baumelten. Bald ging auch das nicht mehr, so daß wir zu unserer Freude den gefüllten Nachttopf zum Fenster hinaus entleeren durften.

Nach einigen Tagen ging das Hochwasser - das insbesondere von älteren Menschen in dieser schweren Zeit nach den schrecklichen Jahren einer verbrecherischen Diktatur und eines fürchterlichen Krieges als wahre Sündflut angesehen wurde - zurück, eine Schlamm- und Dreckmasse hinter sich lassend. Einen Vorteil hatte für uns allerdings dieses schlimme Jahrhundert-Hochwasser: die Engländer verließen den beschlagnahmten Edelhof bereits nach zehn Monaten, da sie das Ausbrechen von Seuchen befürchteten, was zum Glück jedoch nicht eintrat.

Ein Rundgang durch Alt-Ricklingen

Wenn wir nun den Kreipeweg Richtung Alt-Ricklingen verlassen, erinnern wir uns daran, daß dort, wo heute die Straßenbahnhaltestelle Beekestraße ist, sich noch lange Jahre nach dem Krieg der Döpkesche Milchladen befand. Hierhin ging man mit seiner Kanne, und Herr Döpke zapfte aus Hähnen das Gewünschte - Mager- oder Vollmilch - ab. Dieser umweltfreundliche Einkauf, der damals selbstverständlich auch Zucker, Mehl u. ä. betraf - alles wurde erst beim Kauf gewogen und in Tüten abgefüllt - war jahrzehntelang tot und ist in bescheidenem Maße wohl heute in einigen Gegenden wieder im Kommen. Als zeittypische Erscheinung sei auch erwähnt, daß "man" die Tatsache, daß Herr Döpke mit einer Frau unverheiratet zusammenlebte, eigentlich nicht billigte. Die herrschenden Moralvorstellungen machten aber in einem Fall wie diesem - der recht häufig vorkam - eine Ausnahme: die Lebensgefährtin (diese Bezeichnung gab es allerdings damals noch nicht, man sprach damals von seiner "Bekannten") von Herrn Döpke war Kriegerwitwe und allgemein wurde verstanden, daß diese sich durch eine neue Ehe nicht ihren Anspruch auf die Rente verwirken wollte. Derartige "Onkel-Ehen" waren gesellschaftsfähig und gaben wohl den ersten Anstoß zu einer Liberalisierung auf diesem Gebiet.

Wir gehen dann hinüber zu dem Teil der Straße, der auch heute noch Beekestraße heißt. Ricklingen liegt an der Beeke und nicht etwa, wie manche meinen, an der Ihme. Die Ihme mag bei Ihme-Roloven und nach dem Zusammenfluß mit dem durch den Schnellen Graben abgeleiteten Leinewasser so heißen, auf Ricklinger Gebiet aber ist ihr Name Beeke!

An der Stelle des Hochhauses links am Stadtweg lag früher das beliebte Gartenlokal "Steckers Eck", nach dessen Inhaber auch die dort beginnende Steckerstraße benannt wurde. Die Handwerker, die sich hier im vorigen Jahrhundert ansiedelten, hängten vor ihre Fenster nach städtischem Vorbild Gardinen, weshalb die Steckerstraße auch "Gardinenstraat" genannt wurde. Dort, wo Stecker- und Beekestraße zusammentreffen, befand sich bis vor ein paar Jahren die Bäckerei Dettmer. Wie oft haben wir uns in der Vor-Weihnachtszeit hier an der Schaufensterscheibe die Nase plattgedrückt, um ein Lebkuchen-Hexenhäuschen zu bewundern. Später mußte ich den Wandel der Zeiten auch hier zur Kenntnis nehmen, als auf meine Frage, warum dieses Häuschen nicht mehr hergestellt würde, geantwortet wurde: "Dazu haben wir keine Zeit!" - Schräg gegenüber verkauften Plenges Lebensmittel: zuerst in einem winzigen Laden im Hochparterre, später in einem großen Geschäft, das dann auch noch auf Selbstbedienung umgestellt wurde. Aber immerhin konnte man hier auch nach Ladenschluß, wenn man etwas vergessen hatte, über den Hinterhof gehen und an der Wohnungstür noch etwas bekommen. Ein Stück weiter im heutigen Kiosk arbeitete der Friseur Böker, für den ich immer der "junge Baron" war, zu dem ich aber nicht mehr ging, als er mir einmal ins Ohr geschnitten hatte. Schräg gegenüber standen noch bis in die 70er Jahre hinein das Haus und die Scheune des Bauern Lehne, einer der letzten landwirtschaftlichen Betriebe Ricklingens. Gleich daneben die Schlachterei der Familie Ralfs, der Vorgängerin der heutigen Fleischerei Otto; bei uns Kindern war der Einkauf hier besonders beliebt, da man immer wieder mal etwas "zum Probieren" über die Ladentheke gereicht bekam. In den Zeiten, als auf dem Edelhof noch selbst geschlachtet wurde, war die Besorgung in einer Fleischerei eine Ausnahme; infolgedessen hatte das "Gekaufte" seinen besonderen Reiz, und vor allem die Kinder konnten gar nicht verstehen, daß das "Selbstgemachte" von den Städtern bevorzugt wurde.

Ein paar Meter weiter lag der Willführ-Hof, dessen schöne Gebäude leider um 1970 herum abgerissen wurden; in einer Nacht- und Nebel-Aktion fielen auch die vor ihm stehenden prächtigen alten Linden, um Platz zu schaffen für ein von einem privaten Investor errichtetes, charakterloses achtgeschossiges Wohnhaus.

Eine Vorstellung vom Charme einer dörflichen Wohnsituation können wir uns auf unserem Rundgang zum erstenmal durch die beiden zum Glück erhaltenen ehemaligen Kötner- bzw. Anbauerhäuser auf der anderen Seite der Beekestraße (Nr. 74 und 76) machen. Letzteres - mit dem Spruch über dem Eingang: "Gott behüte dieses Haus und unser ganzes Land für Unglück und für Brand" - stammt aus dem Jahr 1793 und stand schon auf der "Abbruchliste", doch dann erwarb und restaurierte es die Familie Enders. Hermann Enders ist seit Mitte der 70er Jahre der für Ricklingen zuständige Stadtteilplaner, dem manch gute Anregungen für eine behut-

Von der Gaststätte Borchers aus fotografiert: Antreten zum Schützenausmarsch. Im Hintergrund ein ehemaliges Anbauerhaus, heute Beekestraße 76

15

same gestalterische Entwicklung Alt-Ricklingens zu verdanken ist. Das heute zur Endersschen Garage umgestaltete Gebäude an der Ecke Hahnensteg war lange Jahre ein besonderer Anziehungspunkt für jung und alt: hier hatte der stadtbekannte Eismann Hummel seinen Laden, dessen Eis so beliebt war, daß selbst bei Regen eine lange Schlange vor seinem Geschäft stand.

Gegenüber sehen wir die "Alte Ricklinger Bierquelle", die letzte richtige Dorfkneipe Ricklingens. Seit der Mitte des 18. Jahrhunderts führt die Familie Borchers diese Wirtschaft; älteren Ricklingern ist noch die legendäre "Tante Anna" Borchers ein Begriff, bei der man sich zum Klönen und Skatspielen - gestärkt durch Bier und Mettwurstbrot - traf. Ihre beiden Töchter und ihr Sohn führen diese Tradition glücklicherweise fort. Der traditionelle Gesangsverein Euterpe und die Ricklinger Schützen haben in diesen Räumen seit eh und je ihr Stammlokal. Das Gehörn eines Ur-Wisents kann hier bewundert werden, das laut Inschrift "in Ricklingen neben der Duibelskuhle utebaggert" wurde. Im Jahre 1849 unterschrieben in dieser Wirtschaft die Ricklinger Grundbesitzer den Verkoppelungsrezeß, eine Art frühe Flurbereinigung. Harry Borchers dichtete die "Ricklinger Nationalhymne": "Hoch Ricklingen, fidelet Dörp, da an der Beeke Strand ...", so daß man davon ausgehen kann, daß dieses Lied in "Diedrich Borchers' Gasthaus" zum ersten Mal gesungen wurde. Auch heckte man hier nach entsprechendem Biergenuß einen Plan aus, der ein schönes Beispiel Ricklinger Humors ist: Bei der Ricklinger Gemeindeversammlung, in der die Eingemeindung Ricklingens nach Linden beschlossen wurde, erklang nach Verkündung des Abstimmungsergebnisses von der Tribüne des Saales laut und getragen der Choral: "So nimm denn meine Hände und führe mich!"

Hier an der Ecke Beekestraße/Hahnensteg war übrigens bis Ende der 20er Jahre die Endstation der Linie 7 der Straßenbahn, bevor diese vom Ricklinger Stadtweg aus rechts in die damalige Beekestraße (heute Kreipeweg) um das Gasthaus Krone herum, durch Wiesen- und Gartengelände nach Oberricklingen zur Landwehrschänke fuhr. Nach ein paar Schritten erreichen wir die Stammestraße, die vor der Anlage des Stadtweges die Verbindung nach Linden und Hannover darstellte. In der Stammestraße sehen wir rechts das große Gebäude der Ricklinger Bauernfamilie Schnabel. Durch Landverkäufe war man im vorigen Jahrhundert zu Geld gekommen, so daß der Gemeindevorsteher Schnabel 1888 zu den Mitbegründern der Ricklinger Kaiserbrauerei gehörte. Gegenüber befand sich bis Ende der 1990er Jahre die Bäckerei und das Lebensmittelgeschäft der Familie Lampe. Letzteres war zwar im Laufe der Zeit auch modernisiert und sogar auf mehr oder minder Selbstbedienung umgestellt worden, hatte aber bis zuletzt den Flair eines dörflichen Tante-Emma-Ladens, wo man eben nicht nur Besorgungen machte, sondern in

Die Linie 7 auf dem Ricklinger Stadtweg - Haltestelle Beekestraße

dem man sich traf und Neuigkeiten austauschen konnte. Es wurde allseits bedauert, als die Inhaber sich veranlaßt sahen, ihr Geschäft aus wirtschaftlichen Gründen zu schließen.

Zurück zur Beekestraße: Dort, wo die Stammestraße in sie mündet, hatte bis in jüngster Zeit die Firma Zelt-Küster ihre Lagerhallen, die nicht gerade eine Zierde darstellten, aber "einfach dazugehörten", zumal es sich bei der Firma um ein weithin bekanntes Unternehmen handelte, deren Inhaber beliebte - und auch dem Gemeinwohl gegenüber aufgeschlossene - Ricklinger Mitbürger waren. In dieser mit sozialem Engagement verbundenen Popularität ähnelte man dem Ricklinger Christian Schünemann, der nach dem Kriege aus dem kleinen Maurerbetrieb seines Vaters ein nicht unbedeutendes Baugeschäft und Wohnungsunternehmen machte. Wie auch später seine Witwe, hatte er stets ein offenes Ohr, wenn in seiner Ricklinger Gemeinde "Not am Mann" war und Hilfe benötigt wurde.

Mitte der 90er Jahre entstand auf dem Küsterschen Firmengelände eine Wohnanlage, wohl die letzte in Alt-Ricklingen. Der für sie gewählte amtliche Name "Am Kastanien-Hof" klingt zwar schön, prachtvolle Kastanien sind aber an anderen Stellen Ricklingens in größerer Anzahl anzutreffen. Leider sind es nicht mehr soviele wie früher - die Stammestraße war ehemals geradezu eine Kastanienallee - aber immer noch wird Alt-Ricklingen durch diesen Baum geprägt, dessen Kerzenpracht im Frühjahr fasziniert und der im Herbst die Kinder mit seinen Früchten erfreut. - Für die Wohnanlage auf dem Küsterschen Gelände wäre als neue Straßenbezeichnung "Am Linnepump" sinnvoller gewesen; denn genau gegenüber der Einfahrt zu diesen neuen Häusern befand sich bis Ende des vorigen Jahrhunderts der dörfliche Löschteich, eben der Linne- oder Lindenpump; hier kamen in früheren Zeiten die Ricklinger zusammen, um unter einer Linde am "Buersten" (Bauernstein) über die sie bewegenden Angelegenheiten zu diskutieren und zu beschließen. Diese Dingstätte hätte, so meine ich, als frühe Form eines "demokratischen Versammlungsorts" eine Erinnerung verdient. - Ein Stück weiter, dort wo heute die Straße "Am Papehof" abzweigt, stand ehemals die "Storchen-Wäscherei", deren Namen auf das große Storchennest zurückgeht, das sich auf dem Schornstein der Wäscherei befand. Derartige Storchennester gab es früher in Ricklingen auf zahlreichen Bauernhäusern und auch auf dem Edelhof. Neben der Storchen-Wäscherei lag der Pape-Hof mit seinen alten Stallungen und einem wunderschönen Obstgarten. Dieses Gelände wurde in den 70er Jahren mit der Wohnanlage "Am Papehof" bebaut, deren Bewohner ein besonderes Modell des nachbarschaftlichen Zusammenlebens realisieren: Während die kleinen Gärten hinter den Einfamilienhäusern die Möglichkeit bieten, sich in die eigene Intimsphäre zurückzuziehen, werden die Erschließungsflächen und Vorgärten quasi als gemeinschaftliches Wohn- und Kinderzimmer benutzt. Dieser sog. "Anger" dient der Kontaktpflege im täglichen Leben, dem Spielen der Kinder und auch als Stätte von Festivitäten. Besondere Ereignisse sind hierbei gemeinsame Essen an großen Tafeln unter freiem Himmel, womit eine uralte Sitte des kommunikativen Zusammensein gepflegt wird, die durch die Bürgerinitiativen der End-60er und Anfang 70er Jahre wieder zunehmend an Bedeutung gewann.

Blick auf den Großkopfschen Hof. Rechts und links Wohnhäuser des Edelhofs

Ein Stück weiter liegt linkerhand an der Beekestraße der alte Großkopfsche Bauernhof. In seinem ehemaligen Obstgarten wurde ein großes Wohngebäude errichtet, in dem u.a. Horst Schweimler lebt, der über viele Jahre geradezu eine Ricklinger Institution war. Mitte der fünfziger Jahre hatte er die Idee, ein monatlich verteiltes Anzeigenblatt - die "Ricklinger Monatspost", genannt "RiMoPo" - herauszugeben, das immerhin erst in den 90er Jahren sein Erscheinen einstellte. Selbst Ricklinger Junge, beschäftigten sich Schweimlers Artikel besonders häufig mit den Belangen Alt-Ricklingens, was sicher mit dazu beitrug, daß manche - leider längst nicht alle - Bausünden verhindert werden konnten. Interessant war, am Beispiel dieser Zeitung die Macht des geschriebenen Wortes zu sehen: Bei Planungen, anstehenden Entscheidungen und Maßnahmen hieß es immer wieder: "Was wird wohl die RiMoPo, sprich Horst Schweimler, dazu sagen?" - Erwähnt sei auch, daß Schweimler ein nettes Büchlein über die Geschichte Ricklingens geschrieben hat, in dem interessante Fakten zusammengetragen und historische wie aktuelle Bilder enthalten sind.

Der Großkopfsche Hof hatte früher insbesondere durch den sich hier befindlichen "Alten Dorfkrug" zentrale Bedeutung für das dörfliche Leben. Von wievielen Geschichten fröhlichen Beisammenseins könnte er berichten! Erwähnt sei nur die - allerdings tragisch endende - vom Bauern Grono, der eines Abends in die Gaststube geritten sein soll, um seinen und seines Pferdes Durst (wohl weiter) zu löschen. Pferd wie Reiter sind dann so "duhne" gewesen, daß sie einen wilden Ritt durchs Dorf vollführten, bei dem sich Bauer Grono zu Tode stürzte. - Es ist fast wie ein Wunder, daß die Gebäude dieses Bauernhofs noch erhalten sind. Anfang der 70er Jahre lagen bereits andere, völlig unsensible Abriß- und Neubau-Planungen vor, die von der Stadt Hannover genehmigt waren. Auf die Entsetzensschreie vieler Ricklinger hin fand dann eine Ortsbesichtigung im alten Fachwerkhaus statt: auf der einen Seite der Architekt, der den Eigentümer schon davon überzeugt hatte, daß alles morsch, veraltet und abbruchwürdig sei, auf der anderen Seite versuchten wir zu retten, was zu retten war. Zum Glück fand sich dann der Pächter Piquardt, der aus dem "Alten Dorfkrug" das Lokal "La Provence" machte. Damit wurde das Gebäude zwar zum Leidwesen der alten Ricklinger umfunktioniert; man konnte nun nicht mehr für wenig Geld hier sein Bierchen trinken und den Hammelbraten von Frau Großkopf genießen, stattdessen fuhren anfangs Schikkeria-Autos vor; aber immerhin: das Gebäude war gerettet. Im Laufe der Zeit hat sich "die Provence" als Kommunikationszentrum für Alt- und Neu-Ricklinger entwickelt, insbesondere seitdem der ehemalige Schafstall als Veranstaltungssaal und Weinprobierstube ausgebaut wurde. Das jährliche Sommerfest auf dem Bauernhof, bei dem man sich von nah und fern trifft, hat sicher seinen Teil dazu beigetragen, daß dieses Restaurant auch bei den Nachbarn, die manche Störungen ertragen müssen, an Beliebtheit gewann. Dasselbe ist vom "Walzer auf dem Bauernhof" zu sagen, mit dem die Anwohner in der Silvesternacht das Neue Jahr begrüßen, nachdem sie zuvor vom Ehepaar Piquardt zu einem Glas Sekt eingeladen wurden. Auch der "Neujahrsempfang für Ricklinger", den Piquardts erstmalig im Januar 1995 gaben, wird bestimmt eine die nähere und weitere Nachbarschaft verbindende Funktion entwickeln und zu einer guten Tradition werden.

Der Grono-Hof, gemalt von Kurt Schwitters

Gehen wir nun weiter die Beekestraße Richtung Deichtor entlang, dann finden wir so einige Beispiele der Bauwut der 60er Jahre. Auch in Ricklingen wurden in den Nachkriegsjahren mehr Gebäude abgerissen als im Kriege zerbombt, und zwar auch solche, die man heute auf jeden Fall erhalten würde. So mußte der noch völlig intakte Grono-Hof zwischen Beeke- und Stammestraße - mit einem der prächtigsten Fachwerkhäuser Ricklingens - und der Thiele-Hof in der Stammestraße den nicht gerade schönen Terrassenhäusern weichen, die von ihrer Nordseite wie eine riesige Mauer wirken. Gegenüber in der Beekestraße entstanden zwei gelbe Klinker-Flachdachbungalows, die ebenfalls einen groben Stilbruch bedeuteten, den nach Aussage des Bauherrn nicht er, sondern das Stadtplanungsamt zu vertreten hatte, da dieses ihm eine derartige Bauweise vorschrieb. Erst Jahre später bekam er die Genehmigung, die äußere Gestaltung durch das Aufsetzen von Satteldächern etwas zu verbessern. Für das hieran angrenzende Gebiet Richtung Deichtor war bereits eine Hochhausbebauung vorgesehen, die nach Meinung des damals zuständigen Stadtteil-Planers als "städtebaulicher Akzent an der Grenze zum Landschaftsschutzgebiet" wünschenswert war. Nach massiven Protesten kam es dann zu der heutigen in Bauform und Materialien wesentlich passenderen Reihenhausbebauung.

"Städtebaulicher Akzent" in der Beekestraße

Ein besonders positives Architektur-Beispiel der jüngeren Zeit ist die nahegelegene Alten-Wohnanlage "Wrampenhof"; sie beweist, daß auch Neubauten sich in alte erhaltene Strukturen einpassen können. Leider gibt es nicht viele Muster derartig einfühlsamer Architektur, so daß man über jedes noch stehende, das Ortsbild unverwechselbar prägende alte Fachwerkhaus froh sein kann. Erhalten werden konnten im hiesigen Bereich - unter bewundernswertem finanziellem wie ideellem Einsatz der heutigen Eigentümer - zum Glück das Fachwerkgebäude Beekestr. 109 (früher Kohlenhändler Vahs), der schöne Hof von "Tante Lieschen" Flachsbarth (Stammestraße 21), die Gebäude des Wisselschen Hofes (Stammestraße 22) und das Haus Stammestraße 23, das laut der Einschnitzung über dem Eingangstor im Jahre 1772 von den Eheleuten Johann Kreimeir und Maria Waldvogel erbaut wurde.

Nicht unerwähnt soll dabei bleiben, daß sich in der gleichfalls zu den historischen Straßen Ricklingens gehörenden Klusmannstraße weitere Beispiele für mit viel Liebe restaurierte Häuser befinden. So bewahrte hier die Familie Klusmann den Charakter ihres Hauses, der Museums-

Der Edelhof aus der Vogelperspektive (um 1993)

wissenschaftler Dr. Liebelt renovierte das 1845 gebaute Harborth'sche Haus von Grund auf (heute Klusmannstraße 15), während Karl-Heinz Büsing und Sabine Messerschmidt sich das dazugehörende Altenteiler-haus sorgsam wiederherrichteten. Esther Krijgsmann mußte zwar die "verkehrsgerechte Verbreiterung" der Klusmannstraße zu Lasten ihres Gartens hinnehmen, konnte sich aber zum Glück allen Versuchen der Planer, das von ihr geliebte Haus abzureißen, widersetzen. Aufgrund des Engagements ihrer Bewohner behielt die Klusmannstraße daher den Cha-rakter einer alten Dorfstraße; bei der sicherlich notwendigen und 1994 erfolgten Sanierung ihrer Pflasterung wurde freilich des Guten zuviel getan - man kann nur hoffen, daß der Zahn der Zeit hier bald für die passende Patina sorgt. Leider stehen in der Klusmannstraße auch zwei Neubauten, die als besonders krasse Negativ-Beispiele gelten können: Das vom Kin-dergarten der Michaelis-Gemeinde benutzte schöne alte Gebäude auf dem ehemals Wortmannschen Hof wurde - trotz guter Vorschläge für seine Verwendung - abgerissen und stattdessen ein Flachdach-Gebilde errich-tet, das sich später auch noch als Giftstoff-verseucht herausstellte. An den Anfang der Klusmannstraße setzte man ein mit grä(e)ulichen Kunst-stoff-Platten behängtes mehrgeschossiges Wohnhaus hin, dem das vom Kötner Hengstmann 1844 erbaute typisch niedersächsische Bauernhaus weichen mußte und das Kritiker nicht zu unrecht mit einem Schuhkarton verglichen. Man darf gar nicht daran denken, daß sehr ähnliche Gebäude anstelle des Großkopfschen Hofes vorgesehen waren!

Nach den Jahren des "grenzenlosen Wachstums" stellte sich Anfang der 70er Jahre ein Stimmungsumschwung ein; man erkannte nun den Wert des Überkommenen, so daß das Denkmalschutzjahr 1975 seine Funktion voll erfüllen konnte. Plötzlich riß man alte Gebäude nicht mehr beden-kenlos ab, sondern versuchte zu erhalten, was zu erhalten möglich war. Eine neue Gesetzgebung, die den Begriff des Ensembleschutzes einführ-te und gewisse steuerliche Hilfestellungen mit sich brachte, trug auch in Niedersachsen das Ihrige dazu bei.

Keimzelle des Dorfes: der Edelhof

Im Hinblick auf den Edelhof, dem wir uns nun zuwenden wollen, war ich sehr froh, daß Entscheidungen über seine bauliche Zukunft erst in diesen Jahren des Umdenkens zu treffen waren. So lange meine Großmutter lebte, sollten keine Veränderungen vorgenommen werden, obwohl verlockende Angebote vorlagen - so wollte man sogar in die Kapelle Wohnungen einbauen! Zum Glück wurde meine Großmutter neunzig und starb erst Anfang 1975, als also eine gewisse Sensibilisierung in Fragen des Denkmalschutzes bereits erfolgt war. Nun gab es schon rein rechtlich einige Hindernisse, bevor alte Gebäude abgerissen werden durften, obwohl - wenn man es gewollt hätte - , dies sicherlich noch machbar gewesen wäre. Dies kam aber für mich und meine engere Familie nicht in Frage. Stattdessen erkor ich zu meinem Motto: "Was Kriege und der Zeiten Zahn den Häusern Böses angetan, wird hier mit Lieb und viel Bedacht nach Kräften wieder gut gemacht".

Mein erstes Ziel sah ich darin, die Scheußlichkeiten der Nachkriegszeit zu beseitigen. So stand auf dem Hof immer noch eine Baracke der Engländer, am ehemaligen Pferdestall hatten diese einen unpassenden Anbau errichtet, zwischen Pferdestall und Schmiede trug eine Blechhütte, später als Garage benutzt, nicht gerade zur Verschönerung des Hofes bei. Im Park war schon etwas früher eine Nissenhütte der Engländer, genannt die "Tonne", die so manch feucht-fröhliches Fest erlebt hatte, abgetragen worden. An die Nissenhütte erinnerte jedoch noch ihr Fundament in Form einer häßlichen Betonplatte. All diese und noch andere Abscheulichkeiten ließ ich voller Wonne beseitigen. Es war mir ein Genuß, den ersten Rammstoß mit einem Bulldozer selbst auszuführen, um die Engländer-Baracke niederzureißen! Neben der Beseitigung der Nachkriegs-Zutaten war es nun aber besonders wichtig, die alten Gebäude zu restaurieren. Aus eigener finanzieller Kraft war dies nicht möglich, so daß ich Partner suchte, die auf der Basis von Erbbaurechtsverträgen die Gebäude auf ihre Kosten wiederherstellten. Schwierig war dies insofern, als ich mir Pächter wünschte, die finanziell durch die anstehenden Renovierungsarbeiten nicht überfordert waren und sich darüberhinaus in die überkommene Struktur des Edelhofs einordneten. Ich wollte auf jeden Fall verhindern, daß der Edelhof zu einem "Klein-Pöseldorf", dem Synonym für die Schickeria dieser Jahre, umfunktioniert wurde.

Bevor wir unseren Rundgang über den Edelhof beginnen, soll kurz erläutert werden, worum es sich hierbei überhaupt handelt. Der Begriff "Edelhof" bezeichnet im Gegensatz zum Bauernhof das "adlige Gut", das früher mit gewissen Rechten, aber auch bestimmten Pflichten ausgestattet war. So hatten die Ritter des Mittelalters im Kriegsfall entsprechende Dienste zu leisten und auch Pferde zu stellen, deren Zahl abhängig von der Größe der Güter war. Quasi als Dank hierfür wurden die Ritter mit Land belehnt. Diese Rittergüter brauchten keine Steuern zu entrichten, unterstanden nicht den Landgerichten und verfügten über verschiedene adlige Herrschaftsrechte. Der mit einem Rittergut verbundene Sitz im Landtag, der Ständeversammlung, war von besonderer Bedeutung, da man dadurch an der politischen Willensbildung beteiligt war.

Blick über Ricklingen in Richtung Hannover (um 1990)

Die "Verbände der Rittergüter", die Ritterschaften, bestehen noch heute, in unserem Fall handelt es sich um die Calenberg - Göttingen - Grubenhagensche Ritterschaft, die die ihr zur Verfügung stehenden Mittel in erster Linie für Schul- und Studienstipendien verwendet. Erträge fließen ihr hauptsächlich durch Zuweisungen des von ihr zusammen mit der Hildesheimer Ritterschaft getragenen "Ritterschaftlichen Kreditinstituts" zu.

Die Ritterschaft ist Teil der aus drei "Kurien" bestehenden sogenannten Landschaft (Erste Kurie Rittergüter/Klerus, Zweite Kurie Kommunen, Dritte Kurie Bauern). Im früheren Ständestaat hatte die Landschaft - also die Ständevertretung - eine erhebliche politische Bedeutung, da der Landesherr in wichtigen Fragen, wozu vor allem die Steuererhebung gehörte, nicht ohne sie regieren konnte. Die auch heute noch bestehende Calenberg - Grubenhagensche Landschaft verfügt über gewisse finanzielle Mittel, da ihr die Versicherungsgruppe Hannover gehört. Sie nutzt diese, indem sie heimatkulturelle, soziale und wissenschaftliche Tätigkeiten unterstützt.

Ehemaliger Pferdestall des Edelhofes

Bei unserem Edelhof handelt es sich um das Rittergut Ricklingen, mit dem die seit 1182 - also seit mehr als 800 Jahren - im Calenberger Land ansässige Familie v. Alten bald nach dem Aussterben der Edelherren von Ricklingen belehnt wurde. Die älteste uns bekannte Urkunde, in der ein Alten in Verbindung mit Ricklingen genannt wird, stammt von 1302. Im Jahre 1336 stiftete die Familie v. Alten Ricklinger Ländereien zugunsten der Kreuzkirche in Hannover. Da man nur etwas stiften kann, das einem gehört, ist davon auszugehen, daß die Familie v. Alten bereits vor diesem Stiftungsdatum hier ansässig war, so daß man mit Fug und Recht sagen kann, daß sie rund 750 Jahre mit Ricklingen in Verbindung stand und, da ich zu 50 Prozent ein Alten bin, auch heute noch steht. Diese langen Jahre wurden lediglich unterbrochen durch die Wirren des Dreißigjährigen Krieges, die dazu führten, daß andere Familien, die allerdings meistens auch mit den Altens verwandt oder verschwägert waren, Ricklingen übernahmen. Im Jahre 1764 konnte Henning Ludwig v. Alten-Goltern das Rittergut Ricklingen zurückerwerben. Nachdem Ricklingen wieder in den Besitz der Familie v. Alten gekommen war, gelangte es in der nächsten Generation an den Hof- und Kanzleirat August v. Alten, genannt "der alte Hofrat", dem auch das Nachbargut Hemmingen und das im Norden Hannovers befindliche Gut Heitlingen gehörten. Der unverehelicht Gebliebene ist ein Original gewesen - so war er zum Beispiel der letzte Zopfträger im Königreich Hannover; im hohen Alter ließ er sich wieder und wieder mit Stecknadeln pieksen, um feststellen zu können, ob er noch lebe. Er hatte furchtbare Angst vor Wasser, was sicherlich bei den häufigen Überschwemmungen seiner Güter Ricklingen und Hemmingen nicht ganz unberechtigt war. So wird erzählt, daß er einmal auf dem Weg von Ricklingen nach Hemmingen von der Flut überrascht worden sei, so daß er die ganze Nacht auf einem Baum habe zubringen müssen. Als er mit weit über 90 Jahren gestorben war und auf dem Wilkenburger Friedhof beerdigt werden sollte, herrschte mal wieder Hochwasser, so daß sein Sarg, als er in die Grube gelassen wurde, auf dem Wasser schwamm. Der alte Hofrat muß ein Prozeßhansel gewesen sein, denn es ist überliefert, daß seine Erben nach seinem Tod die unerledigten Akten auf mehrere Pferdefuhrwerke luden und sie so "entsorgten". Die Gerichte werden über die Lösung der Probleme auf diesem Wege sicherlich recht froh gewesen sein. Der alte Hofrat teilte seine Güter unter drei seiner Neffen, wobei der eine, Friedrich Curd, mein Ururgroßvater war, der Ricklingen erhielt und somit diese Linie der Altens begründete.

Als erstem der Edelhof-Gebäude werfen wir einen Blick auf das Haus Nr. 1. Bei diesem Gebäude handelt es sich um die ehemalige Hofstelle der Familie Kreye, die mein Urgroßvater Paul Anfang dieses Jahrhunderts erwarb, um es als Gärtner- und Verwalterhaus des Edelhofs zu nutzen. Diese Funktion übten seit Mitte vorigen Jahrhunderts drei Generationen der Familie Oppermann aus. Als der letzte Gärtner, Willy Oppermann, sein vierzigjähriges Dienstjubiläum feierte, konnte seine Familie auf hundert Jahre Edelhof-Tätigkeit zurückblikken. Willy Oppermann war auf seinem Gebiete ein großer Künstler, insbesondere die von ihm arrangierten Blumensträuße wurden allseits bewundert. Es war immer ein Erlebnis, wenn er in der Remise diese Sträuße zusammenstellte; weniger schön wurden sie in Zeitungspapier eingewickelt und dann zu den Kunden gebracht. Für mich war das besondere an Willy Oppermann, daß er voller alter Ricklinger Geschichten steckte. Sicherlich hatte er das eine oder andere frei erfunden (im Dorfe hieß er auch "Münchhausen"), aber alles war doch faszinierend und höchst interessant. Wenn ich zwar zum Glück so einige Geschichten von ihm übernommen habe, ist das meiste mit ihm doch ins Grab gesunken. Ebenso ist es mit dem entsprechenden Wissen seiner Schwester "Mama Großkopf" geschehen, die als eine Art Zofe bei meiner Großtante Marie diente und die, wie es hieß, mehr über die Familie wußte als diese selbst. Die Frau von Willy Oppermann, Martha, habe ich als Kind nur als kühle und unnahbare Frau in Erinnerung. Sie hat ihr Schicksal, ihren einzigen Sohn im Kriege verloren zu haben, jahrzehntelang nicht überwunden. Erst im Alter wurde sie zugänglicher. Interessant für mich war, daß ich sie zwar in ihrem Reich um ihr Wohnhaus herum und eventuell im Dorf gesehen habe, aber nie auf dem Edelhof. Es schien, als betrete sie diese Welt nicht. Die weitesten Reisen, die sie wohl jemals unternommen hatte, waren die Fahrten in ihr Heimatdorf Holtensen am Deister. Hierin ähnelte sie ihrem Mann, der zwar von seinen Jugenderlebnissen in Oldenburg am Großherzoglichen Hof erzählte, ansonsten aber auch nie verreist war. Ähnliches erlebte ich in meiner Studentenzeit, in der ich auf einem Bauernhof ca. 5 km außerhalb von Marburg wohnte: die dortige alte Bäuerin war niemals in Marburg gewesen! Reisen war eben früher eine relativ wenigen Menschen vorbehaltene Möglichkeit, die diese nutzten, um ihren Bildungshorizont zu erweitern. Man jettete damals allerdings auch nicht in aller Schnelle "kurz mal eben in den Süden", sondern bereitete sich intensiv vor - z. B. erzählte mir eine Tante, daß sie vor ihrer ersten Italien-Reise auf Geheiß der Eltern Italienisch zu lernen hatte!

Ende der zwanziger Jahre wohnte in einer kleinen Wohnung des Gärtnerhauses der aus dem Baltikum geflüchtete Baron Fircks. Dieser hatte sich bei meinen Großeltern zu einem Besuch angesagt, der dann sage und schreibe vier Jahre dauerte! Da die Fremdenzimmer im Herrenhaus auch für andere Gäste benötigt wurden, brachte man diesen Dauergast im Haus Edelhof 1 unter. Baron Fircks war ein typischer Vertreter einer baltischen Institution, nämlich der des "Krippenreiters". Dieses waren arme, aber meist hochgebildete Adlige, die jeweils längere Zeit auf den Gütern

Die Edelhofkapelle im Herbst

Überschwemmung in der Vormarsch (um 1990)

ihrer reichen Verwandten lebten und hier gar nicht so unwillkommen waren, zumal sie viel zu berichten wußten, was in der fernsehlosen Zeit für Abwechslung sorgte. Allerdings, auf eines konnte man nicht hoffen, nämlich auf tätige Hilfe in Haus oder Hof. "Unser" Krippenreiter Fircks sollte einmal ein Pferd an einer Longe halten, was er mit angewidertem Gesichtsausdruck und dem in bestem baltisch getätigten Ausspruch "Wir Balten sind nicht zum Arbeiten geboren!" ablehnte. - Nach vier Jahren wurde Baron Fircks dann an unsere Lindener Verwandten "weitergereicht", wo er zwölf Jahre blieb; hier soll er allerdings sogar die Bibliothek geordnet haben.

Das Haus Am Edelhofe 1 war in den Nachkriegsjahren vollgestopft mit Ausgebombten oder Flüchtlingen. So zogen zu Oppermanns die Nachbarn Wissel, deren altes Bauernhaus nach einem Luftangriff niedergebrannt war. Kaum hatten sie ein neues Haus fertiggestellt, wurde dieses ebenfalls durch Bomben zerstört. Auch ein Fräulein Herting fand bei Oppermanns Obdach; sie war eine strenge pensionierte Rektorin, die ihre pädagogische Vergangenheit nicht ablegen konnte, indem sie stets versuchte, mir Lebensregeln mit auf den Weg zu geben. So erinnere ich mich an ihre Empfehlung, immer so Ordnung zu halten, daß man die abgeleg-

31

ten Dinge sofort wiederfindet, auch wenn man am nächsten Tage plötzlich erblindet ist. - In dieses schon sehr volle Haus zogen dann nach der Beschlagnahme des Herrenhauses durch die Engländer noch meine Großeltern mit ihrer Tochter Gabriele. Amüsant und bezeichnend finde ich, daß mein Großvater für die von ihm genutzten Räume - die ihm ja gehörten - an seinen Gärtner Miete zahlte, da das Gebäude doch Teil des Deputats sei! - Nachdem die Engländer den Edelhof verlassen hatten, zogen meine Großeltern nicht wieder ins Herrenhaus, da einerseits dieses von vierzehn Flüchtlingsfamilien belegt war und andererseits das erforderliche Personal nicht mehr zur Verfügung stand. Auf diesem Gebiet war nach dem zweiten Weltkrieg ein viel größerer Bruch zu verzeichnen als nach dem ersten. In den zwanziger und dreißiger Jahren führte man das Leben mehr oder minder wie man es aus den Zeiten der Monarchie gewohnt war. Man kümmerte sich - wenn auch oft unter widrigen Umständen - um seinen Besitz, hatte aber Hilfskräfte in heute nicht mehr vorstellbarem Ausmaße: selbstverständlich standen damals Kochpersonal, Mamsell, Hausmädchen usw. zur Verfügung. Das hatte sich nun grundlegend verändert, so daß meinen Großeltern der bescheidenere Lebensraum im Gärtnerhaus blieb, was sie aber ohne Klagen hinnahmen. Mein Großvater starb bereits 1956, und als auch Gärtner Oppermann 1970 seinem Leiden erlegen war, lebten meine Großmutter und Frau Oppermann bis zu ihrem Tode (1975 bzw. 1984) in dem Hause.

In dieses Gebäude bin ich im September 1975 eingezogen und man kann sagen, daß ich an ihm rund zehn Jahre lang umgebaut, renoviert und restauriert habe. Ein Freund sagte einmal: "Du bist wie Ludwig der XIV.". Auf meine fragende Kopfbewegung hin meinte er: "Der lebte auch sein Lebtag auf einer Baustelle - allerdings in Versailles".

Um unseren Spaziergang fortzusetzen, treten wir aus dem Gebäude heraus auf den kleinen Vorplatz, der auf der Nordseite durch das Stallgebäude begrenzt wird, in dem Frau Oppermann noch Schweine, Hühner und dergleichen hielt. Ich darf gar nicht daran denken, daß auch diese hübsche Situation um ein Haar zerstört worden wäre, da das hannoversche Tiefbauamt die Verbreiterung der Beekestraße plante, der das Stallgebäude zum Opfer fallen sollte.

Wir verlassen diesen Vorhof durch das von zwei Sandsteinpfosten begrenzte Türchen und sehen schräg gegenüber das Gebäude Am Edelhofe 2 (diese Nummer hat es erst seit 1993, vorher war es die Nr. 4). Dieses Haus wurde im vorigen Jahrhundert als Schule des Dorfes Ricklingen benutzt und dann von meinen Vorfahren gegen ein Gelände in der Klusmannstraße (heutiger Kindergarten usw.) eingetauscht. Auch dieses Gebäude war in den Nachkriegsjahren mit vielen Mietparteien belegt und sehr heruntergekommen. Mitte der siebziger Jahre fand ich schließlich die Familie Schindelhauer, die es sich schmuck herrichtete. Die Zahl "1813" über dem Eingang gibt wohl das Jahr der Erbauung an. Allerdings muß man bei solchen Schnitzereien vorsichtig sein, da früher häufig Baumaterial aus abgerissenen Häusern wiederverwendet wurde. Hier aber wird es sich tatsächlich um das Baujahr handeln, zumal 1813 ein großer Brand in Ricklingen auch das Schulgebäude zerstörte, das dann wohl umgehend wiedererrichtet wurde.

Neben dem ehemaligen Schulgebäude endet die öffentliche Zuwegung, und der private Bereich des Edelhofs beginnt. Zum Zeichen dessen habe ich zwei Sandsteinpfosten errichten lassen, in die ich die Symbole der Altenschen und Ostenschen Wappen-Helmzier - sieben Hahnenfedern und zwei gekreuzte Schlüssel - einmeißeln ließ. Direkt vor uns befinden sich nun fünf herrliche alte Kastanien, die insbesondere bei ihrer Blüte im Frühjahr ein prachtvolles Bild abgeben. Damit sie nicht beschädigt werden und das Erdreich nicht zu sehr verfestigt wird, ließ ich diesen Bereich mit Sandsteinbossen einfassen, so daß keine Autos unter den Bäumen parken können. In einer gemeinschaftlichen Aktion der Anwohner haben wir unter die Kastanien zahlreiche Frühjahrsblumen gepflanzt, die uns und Spaziergänger erfreuen sollen, allerdings leider auch nicht selten gestohlen werden.

Hinter den Kastanien erhebt sich das große Gebäude des ehemaligen Hartmannschen Hofes bzw. späteren Schafstalls, die heutige Nr. 5 des Edelhofs. (Am Rande sei vermerkt, daß weder der Sinnspruch, noch das Wappen noch die als Baujahr angegebene Zahl 1796 authentisch sind, sondern erst bei der Renovierung in den 1970er Jahren über der "Groot Dör" angebracht wurden. Der genaue Zeitpunkt der Errichtung ist auch hier unbekannt, die eingeschnitzte Zahl könnte aufgrund der auf dem

Torbalken befindlichen Namen des Ehepaars Hartmann/Zieseniß ungefähr stimmen; allerdings gibt es auch andere Schätzungen.) Dieses Gebäude war ebenfalls ein typisch niedersächsisches Bauernhaus, bei dem sich vorne der Wirtschaftsteil mit Diele, Ställen usw. und hinten der Wohnteil befand. Letzterer war zweigeschossig, was man äußerlich an dem hervorspringenden Dach erkennen kann. Wie üblich, ist bei diesem Haus das Verhältnis Wohn- zu Wirtschaftsteil ungefähr eins zu zwei (nur beim Gebäude Am Edelhofe 1 ist diese Aufteilung eins zu eins, was sehr selten vorkommt). Der ehemalige Schafstall wurde von mir in den siebziger Jahren durch Erbbaurechtsverträge geteilt, so daß er von zwei Interessenten von Grunde auf renoviert werden konnte. Von seiner rechten Seite aus hat man herrliche Sichtbeziehungen zur Kapelle und zum Herrenhaus: faszinierend ist auch der Blick über den Deich und die Kuhweide Richtung Kiesteiche.

Hinter dem Ende der siebziger Jahre neben dem Schafstall errichteten Gebäude Am Edelhofe Nr. 3 befindet sich der "Tilly-Birnbaum", von dem die Sage berichtet, daß unter ihm während des Dreißigjährigen Krieges, als Tilly in Ricklingen Quartier bezog, um von hier aus Hannover zu erobern, ein Soldat erschlagen wurde. Das Blut dieses Soldaten ist dann in die Wurzeln des Birnbaums geflossen, so daß die von außen ganz normal aussehenden Birnen innen rotes Fleisch bekamen. In meiner Kindheit habe ich diese sonderbaren Früchte meinen staunenden Freunden in der Schule vorgeführt. Tillys Soldaten haben in Ricklingen - wie überall im Calenberger Land - arg gewütet. Einem haben sie aber - wenn auch mit zeitlicher Verzögerung - Glück gebracht: Der Ricklinger Bauer Menge stieß um 1830 herum beim Abtragen seines Misthaufens auf etwas Hartes; als er weitergrub, fand er ein Bündel mit Golddukaten, die Tillys Soldaten hier verloren hatten. Von diesem Geld konnte sich Bauer Menge 1834 das noch heute erhaltene Haus Klusmannstr. 27 errichten.

Auf dem Rückweg kommen wir an dem Fachwerk-Garagengebäude vorbei, das im Zuge der Renovierung des Gebäudes Am Edelhofe 5 hier errichtet wurde. Ich wollte hierdurch eine Blickbeziehung von der Edelhof-Einfahrt auf diesen kleinen Giebel herstellen und außerdem an das Scheunengebäude erinnern, das ungefähr an dieser Stelle stand, bis es in den zwanziger Jahren einem Brand zum Opfer fiel. Um die Kastanien herumgehend, stoßen wir neben dem Gebäude Am Edelhofe 2 auf eine

Mauer, die mein Urgroßvater Paul 1907 errichten ließ, worauf eine Inschrift verweist. Auch ein Stein aus dem Jahre 1695 kann hier betrachtet
werden, der höchstwahrscheinlich von der Feuerstelle des Gebäudes
stammt, das früher zwischen der Kapelle und dem Schafstall stand und
Anfang dieses Jahrhunderts abgerissen wurde. Außerdem ließ ich 1988
an der Mauer eine Steintafel anbringen, die darauf hinweisen soll, daß
der Edelhof Privatbesitz ist, aber "rücksichtsvollen Spaziergängern der
Besuch auf Widerruf gern erlaubt" ist. Da ich Verbotstafeln nicht mag,
versuche ich in dieser Art auf die rechtliche Situation hinzuweisen und
an die Vernunft der Besucher zu appellieren. Daß einem dieses gelingt,
kann man allerdings manchmal bezweifeln; so wenn - wie schon beschrieben - zum Beispiel Blumen gestohlen werden, Unrat achtlos fortgewor-
fen, ohne Bedenken die Nasen an den Fenstern der Wohnräume plattgedrückt werden oder - wie bei meinem Schwager geschehen - wildfrem-
de Menschen im Wohnzimmer stehen und auf die Frage, was man hier
suche, antworten, daß man eben neugierig sei. Ähnliche Schilder, mit
denen ich in freundlich-lustiger Art die Möglichkeit zum Rodeln vom
Deich erlaubte oder auf die eingeschränkten Parkmöglichkeiten vor der
Kapelle verwies ("Wer hier parkt, *geht* nachhaus"), waren jeweils nach
ein paar Tagen gestohlen.

Das älteste Bauwerk:
die Edelhofkapelle

Wir nähern uns nun der Kapelle, dem ältesten Gebäude des Edelhofs, wenn
nicht gar Hannovers. Die Schätzungen über das Baujahr schwanken zwi-
schen 1250 und 1340, so daß ich als Bauzeit "um 1300" angebe. Auf jeden
Fall ist sie älter als die Hauptkirchen Hannovers. Sie wurde im romanischen
Stil aus Sandstein vom Lindener Berg, wahrscheinlich aus Altenschem
Besitz erbaut. Lediglich die Verblendung der Tür sowie das Fenster in der

Mitte der Ostwand weisen gotische Merkmale auf. Letzteres muß eine spätere Zutat sein, ursprünglich befanden sich in dieser Wand zwei romanische Rundbögenfenster, von denen das eine (rechts vom Altar) erst bei der Renovierung Anfang der 60er Jahre zugemauert wurde. - Es heißt übrigens, daß die Kapelle in früheren Zeiten durch einen unterirdischen Gang mit dem Herrenhaus verbunden gewesen ist, wie ein solcher auch von dort zur Beeke geführt haben soll. In meinen Kindheitstagen wurden mir die Stellen gezeigt, wo diese Fluchtwege im Keller des Gutshauses begonnen hätten; den alten Mann, von dem erzählt wurde, daß er als Junge noch durch die Gänge gekrochen sei, habe aber auch ich schon nicht mehr erlebt.

Ricklingen war früher übrigens keine selbständige Kirchengemeinde; zum Gottesdienst mußten die Bauern nach Linden gehen - "dahin war es ein beschwerlicher Weg, an dem - gottlob - auch manches Gasthaus lag". In der dortigen Martinskirche hatten sie ihre Stammplätze, die in Gruppen unterteilt waren, nämlich für Meier, Kötner und Beibauern, diese wieder getrennt nach Männern und Frauen. Übertretungen der Einteilungen sollen zu heftigen Fehden geführt haben, die gelegentlich sogar in Prügeleien ausarteten. Die Beziehungen zu den Lindenern waren nicht sonderlich gut, so daß man häufig lieber in die hannoversche Marktkirche ging. Die Edelhofkapelle wurde vom Lindener Pastor betreut, der verpflichtet war, dreimal jährlich in seinem Filial Ricklingen zu predigen, später im Sommer jeden Sonntag, morgens um 4.00 Uhr, im Winter alle vierzehn Tage nachmittags um 2.00 Uhr, ebenfalls zur Hagelfeier (1. Mai) frühmorgens. Er wurde von den Ricklingern im Wagen abgeholt und zurückgebracht (der Küster mußte zu Fuß gehen) und erhielt für seine seelsorgerische Betreuung jährlich 23 Taler, außerdem die Mastung für zwei Schweine, vier Fuder Holz und zwei Fuder Heu. Erst im Jahre 1877 wurde in Ricklingen die selbständige Michaelisgemeinde gegründet, die 1888 die Kirche an der Stammestraße erhielt. Das Gelände hierfür stiftete die Familie v. Alten-Linden. Hieran erinnert das Altensche Wappen neben dem drachentötenden St. Michael über dem Kirchenportal. Die Ricklinger Altens bekamen in der Michaeliskirche das Belegungsrecht für zwei Reihen auf der linken Empore; einige Messingtafeln erinnern hier an verschiedene Mitglieder der Familie.

Nach dem 1. Weltkrieg stellte mein Großvater die Kapelle eine Zeitlang der Ricklinger katholischen Gemeinde zur Verfügung (was übrigens von nicht wenigen Lutheranern kritisiert wurde); später fanden dann nur noch private Veranstaltungen in ihr statt. Im Oktober 1943 brannte sie bei einem Bombenangriff total aus. Daß überhaupt noch Reste stehen, ist dem tatkräftigen Eingreifen meiner Mutter Sibylle und deren Schwester Gabriele zu verdanken, die tagelang das Feuer mit Beilen aus den Balken schlugen. - Für kirchliche Zwecke wären im Kriege keine Dachziegel zur Verfügung gestellt worden, so daß mein Großvater die Kapelle zur Scheune umfunktionierte; dadurch konnte sie binnen kurzem gedeckt werden, was zu ihrer Erhaltung nicht unwesentlich beitrug. Dieser Zustand hielt noch jahrelang an; schließlich wurde ein Vertrag zwischen der Michaelisgemeinde und meiner Familie geschlossen, mit dem der Gemeinde die Nutzung der Edelhofkapelle für kirchliche und uns für private wie caritative Veranstaltungen zugestanden wurde. Anfang der 60er Jahre erfolgte dann die Restaurierung, so daß die Kapelle am 1. Mai 1966 feierlich wieder eingeweiht werden konnte. Heute ist sie eine beliebte Hochzeits- und Taufkapelle; ich nutze sie hauptsächlich für Konzerte und private Feierlichkeiten. Am Heiligen Abend begehen wir hier mit den Edelhof-Bewohnern den gemeinsamen Auftakt des Christfestes. Wir hören die Weihnachtsgeschichte und singen zur von Dieter Mlynek auf der Orgel gespielten Musik die traditionellen Lieder; die Kinder und auch mancher Erwachsene erfreuen durch Darbietungen auf ihren Musikinstrumenten, dem Aufsagen von Gedichten oder dem Vorlesen von weihnachtlichen Geschichten.

Erwähnt sei auch der seit 1987 jährlich vor der Kapelle stattfindende kleine Weihnachtsmarkt, der aufgrund seines besonderen Charmes - wir achten sehr darauf, daß er nicht in Kommerz sowie Eß- und Trinkgelage ausartet - sich großer Beliebtheit erfreut. Schon die Vorbereitung macht allen Beteiligten Spaß (es soll fleißige Hände geben, die bereits im Januar beginnen, Gegenstände für den nächsten Weihnachtsmarkt zu basteln; zumindest wird aber vom Sommer an intensiv gemeinsam überlegt, welche Attraktionen man zur Steigerung des Umsatzes - für einen guten Zweck - anbieten kann. Die vielen Helfer, die zum Gelingen des Weihnachtsmarktes beitragen, kann man nicht im einzelnen aufzählen; stellvertretend sei nur der Küster Peter Duffens genannt, ohne dessen Leitung der Auf- und Abbau der Buden sicherlich nicht so reibungslos klappte. Besonders verdient hat sich aber auch Pastor Westmüller von der Michaelis-Gemeinde gemacht. Sein organisatorisches Talent kommt hier so richtig zur Geltung; besondere Erwähnung verdient sein unermüdliches Drehorgel-Spiel, mit dem er an den beiden Weihnachtsmarkt-Tagen für weihnachtliche Stimmung sorgt. Einen Leierkasten spielenden Pastor hat nicht jede Gemeinde! - Eine sehr schöne Einrichtung war auch der Erntedank-Gottesdienst unter freiem Himmel vor der Kapelle, der auf meinen Vorschlag hin 1980 erstmals und dann mehrere Jahre stattfand. Welch prachtvolles Bild gab der mit den Erntegaben geschmückte Altar vor der mit herbstlich-bunten Weinblättern bewachsenen Kapelle ab! Es ist zu hoffen, daß diese so besonders schönen Gottesdienste bald wieder stattfinden.

Bevor wir in die Kapelle gehen, sehen wir links außen an der Tür Schleifrillen, über deren Ursprung es unterschiedliche Interpretationen gibt. Überwiegend ist man jedoch der Meinung, daß die Kriegsleute, bevor sie in die Schlacht zogen, hier ihre Säbel symbolisch wetzten; auch heißt es, daß das dabei sich lösende Steinpulver als Talisman mitgenommen wurde. Ähnliche Schleifrillen findet man in verschiedenen Dorfkirchen in Niedersachsen, aber zum Beispiel auch am Braunschweiger und an den Resten des Goslarer Doms. Das Innere der Kapelle, das bis zum Zweiten Weltkrieg ausgemalt war, ist heute sehr schlicht. Das Kruzifix und das Taufbecken sind moderne Nachkriegsschöpfungen, wobei ich bedaure, daß nicht der wunderschöne Renaissance-Taufstein, der bis Anfang der 50er Jahre im Edelhof-Park stand, verwendet werden konnte, da dieser von meinem Großvater als Patronatsgeschenk der Kirche in Grasdorf zu ihrer Wiedereinweihung gestiftet wurde. Alt, nämlich aus der Barockzeit, ist die Empore; unter ihr hätten die heutigen Menschen allerdings nicht stehen können, so daß der Fußboden bei der Renovierung tiefer gelegt werden mußte. Der Altar besteht aus einem einfachen Sandsteinblock; darauf liegt eine alte Familienbibel, die ich anläßlich der Wiedereinweihung stiftete.

Welche Bewandtnis es mit den Namen der alten Ricklinger Familien an der Empore hat, ist bis heute nicht geklärt. Wohl mehr aus Spaß wird behauptet, daß es sich hierbei um die Bauern handelt, die beim "Ricklinger Wasserkrieg" gegen Hannover sich besonders hervorgetan haben. Im Jahre 1718 begann die Stadt Hannover mit neuen Befestigungsarbeiten am "Schnellen Graben", der Leinewasser auf Ricklinger Gebiet in die Beeke leitet, wodurch die Ricklinger sicherlich nicht zu Unrecht erhöhte Hochwassergefahr befürchteten. Unter dem Sturmgeläut der Glocken der Edelhofkapelle versammelten sich an die fünfzig Ricklinger Bauern, alle "bis an die Zähne bewaffnet mit Forken, Mist- und Eishacken, Äxten und Barten". Kampfeslustig zog man zum Schnellen Graben und zerstörte dort alles, was die Hannoveraner gebaut hatten. Diese vollendeten das Bauwerk dann zwar doch noch, ihre Beschwerde führte aber zu einem langjährigen Prozeß, der erst 1770 mit einem Vergleich beigelegt wurde, nach dem die Stadt Hannover an die durch Hochwasser geschädigten Ricklinger Entschädigungen zu zahlen hatten. Ein gewisser Erfolg war also für die Ricklinger doch zu verzeichnen, zumindest hat er einmal wieder das alte geflügelte Wort "Ricklinger Blood is keene Boddermelk" bestätigt. - Am Rande sei vermerkt, daß zwei Namen an der Empore nicht authentisch sind, und zwar die Namen "Kreye" und "Friedrich Curd v. Alten". Beide wurden erst bei der Renovierung Anfang der 60er Jahre angebracht, und zwar der Name "Kreye", um den langjährig in der Michaelis-Gemeinde tätigen und aus Ricklingen stammenden Pastor Kreye zu ehren, der zweite, um an diesen allseits beliebten und verehrten Erbherrn auf Ricklingen zu erinnern.

Das Fensterbild in der Ostwand, das Marias Verkündigung darstellt, wurde von dem Münchner Künstler Prof. Charles Crodel Anfang der 60er Jahre geschaffen. Die Steinplatte mit dem Altenschen Wappen und Wappenspruch "sola nobilitat virtus" ("Allein Tugend adelt") an der Südwand ließ ich 1973 anbringen; gestiftet wurde sie von meiner Großmutter. In der Kapelle hingen früher zwei alte Glocken, die eine wurde Ende des 14. Jahrhunderts, die andere 1483, dem Geburtsjahr Luthers, gegossen; Letztere läutet wohl schon seit 1888 in der Ricklinger Michaeliskirche. Als deren Glocken im 2. Weltkrieg "eingezogen" wurden, um sie für Kriegszwecke einzuschmelzen, stellte mein Großvater ihr auch die kleinere 600 Jahre alte Glocke aus der Edelhofkapelle zur Verfügung. Später diente diese dort einige Zeit zur Einläutung des Kindergottesdienstes, wurde dann aber nicht mehr genutzt. Ich habe sie daher inzwischen zurückgenommen und wollte sie eigentlich vor der Kapelle zur allgemeinen Besichtigung aufstellen. Wegen der Diebstahlgefahr haben wir ihr dann aber - auf einem mit einer erläuternden Inschrift versehenen Sockel befestigt - Anfang 1995 in der Kapelle einen würdigen Platz gegeben. - Vor der Südseite der Kapelle steht seit 1973 der Gedenkstein der beiden Familienzweige v. der Osten und v. der Osten-Sacken, der daran erinnert, daß meine väterliche Familie ursprünglich aus dem heutigen Niedersachsen stammt, mit Heinrich dem Löwen "gen Ostland ritt" und sich bald darauf auch im Baltikum ausbreitete, durch die beiden Weltkriege aber ihre jahrhundertelang angestammte Heimat verloren und den Tod vieler Söhne und Brüder zu beklagen hat.

Die Umgebung der Kapelle

Vom Osten-Gedenkstein gehen unsere Schritte hinter die Kapelle auf den Deich. Dieser wurde aufgrund der Hochwasser-Katastrophe von 1946 im Jahre 1953 errichtet. Zum Glück ist eine derartige Flut nie mehr eingetreten, doch mußte das etwas weiter nördlich befindliche Deichtor schon oft geschlossen werden. Bei besonders prekären Situationen wird auch die kleine Deichpforte neben dem Gutshaus mit Holzbohlen gesichert. (Übrigens hat eine solche Maßnahme in Ricklingen schon eine alte Tradition: An der Südseite der Düsternstraße sind noch heute Steinfugen zu sehen; die gleichen befanden sich früher auf der anderen Straßenseite. Zwischen beide steckte man bei Hochwassergefahr Holzplanken, die mit Mist und Erde ausgefüllt wurden; auf diese Weise sollte das die Düsternstraße hinunter laufende Wasser gestoppt werden.)

Vom Deich geht unser Blick über die sogenannte Kuhweide, die heute für Schafe und Pferde benutzt wird, Richtung Beeke. Diese wird von ein paar alten und einer Reihe jüngerer Kopfweiden gesäumt. Letztere haben wir Mitte der 70er Jahre aus Ästen der alten Bäume gepflanzt, und zu meiner Freude haben sie sich prächtig entwickelt. Ungefähr alle fünf Jahre werden sie gestutzt, was einen erheblichen Arbeitsaufwand bedeutet, zur Erhaltung des Landschaftsbildes ist mir dies allerdings wichtig.- Auf der Kuhweide findet auch alljährlich am Ostersonnabend ein großes Osterfeuer statt. Wir sammeln das Holz hierfür schon das ganze Jahr über; am Sonnabend-Nachmittag tragen viele helfende Hände noch den Rest zusammen und - besonders wichtig - schichten den bereits vorhandenen Haufen noch einmal um, damit darin sich eventuell aufhaltende Tiere verscheucht werden. Auch legen wir großen Wert darauf, daß nur "ökologisch einwandfreies Material" verbrannt wird. Nach getaner Arbeit gibt es zur Belohnung nachmittags Tee und Kuchen, abends Bier und Würstchen. Zahlreiche Menschen bewundern dann das mit hohen Flammen bei viel Musik und Gesang niederbrennende Feuer.

Jenseits der Beeke sehen wir links eine große Wiese, die sogenannte Vormarsch, die als Binsen- und seggenreiche Naßwiese ein besonders geschütztes Biotop ist. Rechts beginnt der "Bagger", bei dem es sich um ehemalige Ackerflächen des Gutes handelt, deren Kies mein Großvater in den 30er Jahren gewinnen ließ. Eine kleine Eisenbahn ("Lore") transportierte diesen insbesondere für die Bauwirtschaft notwendigen Rohstoff zum Kieswerk des Dr. Backhaus an der Stammestraße. Auf diese Weise entstand nach und nach in der südlichen Leine-Aue die kilometerlange Seenplatte, die heute das Landschaftsbild prägt und ein bedeutendes Freizeitziel der Hannoveraner darstellt.

Wenden wir unsere Schritte zurück, sehen wir rechts den "Hannes Tiemann-Baum". Diesen haben wir zur Erinnerung an die zehnjährige Ricklinger Tätigkeit des mit uns befreundeten Pastors Hannes Tiemann spaßig-feierlich am 1. Dezember 1985 gepflanzt, wobei uns ein vom Nachbarn Piquardt gespendeter Grog erwärmte.

Die Stallungen des Edelhofs

Nun gehen wir zwischen Kapelle und der Rückseite des ehemaligen Pferdestalles entlang zum Hofeingang, den ich durch zwei "Schilderhäuschen" säumen ließ, hinter denen sich die Müllcontainer verbergen. Der Pferdestall wurde in zwei Etappen in den 70er Jahren renoviert und zu zwei Wohneinheiten ausgebaut. Dort, wo jetzt die Garagen sind, befand sich früher die Remise. In dieser stand nach dem Ersten Weltkrieg einige Jahre der "Erlkönig". Diesen Namen (..."erreicht den Hof mit Müh und Not...") gab mein Großvater seinem von der Ricklinger Firma HAWA ca. 1920/21 hergestellten Auto, das - heute wieder ganz modern anmutend -

von Batterien angetrieben wurde. Man saß auf ihm - und zwar hintereinander -, wenn man wollte unter offenem Himmel; bei schlechtem Wetter bot ein Stoff-Klappverdeck mit einem winzigen Guckloch nach hinten Schutz. Es muß ein köstliches Bild gewesen sein, wenn meine Großeltern damit zum Beispiel im Frack bzw. langem Ballkleid zu einem Fest zu ihren Verwandten im Lindener Schloß fuhren. Oder ist dieses Bild, wie es mir wohl aufgrund von Erzählungen vor Augen steht, doch übertrieben?

Auf jeden Fall ist überliefert, daß dem Erlkönig mit seinen 1 PS die nicht gerade alpinen Steigungen des Lindener Berges zu steil waren. Unter dem Gejohle "der Baron kommt" eilten dann Jugendliche herbei und schoben mit entsprechenden Lästereien das Auto - wenn man es als solches bezeichnen kann - samt Aufsassen den Berg hinauf. Ansonsten hatte der Erlkönig wohl auch einige andere Macken, so mußten recht häufig die Batterien in der HAWA-Fabrik aufgeladen werden. Diesen Transport übernahm dann der Kutscher, indem er den Erlkönig mit der herkömmlichen Pferdekutsche und dem Bemerken "hei mot mal wedder zum Bock" abschleppte. Trotz allem hat der Erlkönig wohl seine Dienste erfüllt, so daß es eigentlich unverständlich ist, daß man derartige umweltfreundliche Autos nicht bereits damals weiterentwickelte und erst heute bemüht ist, sie technisch zu perfektionieren.

Meine früheste Kindheitserinnerung an die Remise geht dahin, daß mein Spielkamerad Karl Ludwig Meyer und ich in ihr einen Bombenangriff überstanden. Wir hatten in einem hier geparkten Auto gespielt und konnten die Tür nicht mehr öffnen. Die Erwachsenen ahnten nicht, wo wir waren, so daß ihre Besorgnis während des einsetzenden Luftangriffes erklärlich war. Wir wußten nicht, daß die Geräusche, die wir hörten, von Bombern stammten und hatten keinerlei Verständnis, wieso die Erwachsenen so aufgeregt waren, als sie uns nach dem Angriff endlich fanden.

Nach dem Kriege wurde das Gebäude auch als Schweine- und Kuhstall benutzt. Da ein Schwein, kurz bevor es geschlachtet werden sollte, gestohlen worden war, wurde jeweils ein Mann bestimmt, der bei den Schweinen schlief. Neben der Schweineschlachtung, bei der wir Kinder immer eine kleine Extra-Wurst erhielten, aber auch besonders scharf auf den Schweineschwanz waren, den wir irgendeinem Erwachsenen anzuhängen versuchten, war die jährliche Stips-Kocherei ein Ereignis im Jahresablauf; aus Zuckerrüben wurde hierbei eine honigähnliche, klebrige Masse gewonnen, was aus Ernährungsgründen notwendig, bei den Erwachsenen aber wegen der damit verbundenen Mühen gar nicht beliebt war. In besonderer Erinnerung ist mir noch eine kalbende Kuh: wegen des beengten Stalls fand diese Prozedur auf der Hofwiese im Park statt. Mein Vater ließ uns Kinder diesen Vorgang ganz bewußt erleben, was übrigens meine Großeltern gar nicht gut fanden - so "genant" war die ältere Generation damals noch!

Rechts vom Hofeingang befindet sich heute die Zuwegung zum ehemaligen "Jütegarten", der in westlicher und nördlicher Richtung durch eine hohe, im Jahre 1854 von meinem Ururgroßvater errichtete Mauer abgeschirmt ist. Der Name dieses früheren Obst- und Gemüsegartens rührt von einer Familie Jüte her, die Mieter im ehemaligen Schulgebäude war. Ich wollte auch hier eine Intensiv-Bebauung vermeiden, so daß 1993 im Jütegarten lediglich ein Wohnhaus entstand und der Blick auf einen großen Garten auch die Anrainer erfreut. Ein besonders prächtiges Gebäude war der riesige Ochsenstall am rechten Hofrand, der durch seine Ausmaße, aber auch durch sein schönes Mansarddach hervorstach. Leider fiel er dem großen Bombenangriff auf Hannover im Oktober 1943 zum Opfer. Das von uns um 1990 an seiner Stelle errichtete Wohnhaus hat die Funktion der westlichen Beschließung des Hofes wieder aufgenommen und ähnelt in seinen Maßen dem früheren Gebäude. Dieses reichte allerdings bis an die noch vorhandenen südlichen Überreste, die ich zur Erinnerung an den alten Ochsenstall erhielt, indem ich sie als Werkstatt und Garage ausbauen ließ.

Spökenkieker-Geschichten

In dieser restlichen Ruine des Ochsenstalls war noch ein uraltes Tonnengewölbe erhalten, das in der Nacht, als meine Großmutter starb, mit großem Getöse zusammenbrach. Das war natürlich wieder etwas für unsere "Spökenkieker"! In diesem Zusammenhang sei erzählt, daß meine Großmutter eine schöne alte Standuhr besaß, die sie jeden Abend persönlich aufzog, und die nicht etwa - wie man bei derartigen Geschichten vermuten könnte - in der Todesstunde meiner Großmutter, sondern erst ungefähr ein halbes Jahr später stehenblieb, nämlich exakt an dem Abend, als wenige Stunden zuvor bei der Aufteilung der Erbstücke entschieden worden war, daß die Uhr nicht auf dem Edelhof bleiben, sondern ins Rheinland gehen sollte.

Wo wir gerade bei derartigen Histörchen sind, sei die vom Todesvogel berichtet. Im nächsten Gebäude, dem wir uns zuwenden wollen, im Hause Nr. 8 A, mitten auf dem Edelhof, das früher die Schmiede war und mit einer als Wagenschauer zu benutzenden Durchfahrt ein besonderes Charakteristikum besaß, wohnt seit 1930 die Familie Meyer, heute in dritter Generation. Die alte "Oma Meyer" hörte in den 60er Jahren eines Nachts Punkt zwölf Uhr, wie es bei ihr dreimal ans Fenster pochte. Arglos fragte sie am nächsten Morgen ihre Schwiegertochter: "Gerda, heute nacht hattet ihr wohl keinen Schlüssel und habt deshalb ans Fenster geklopft". Diese verneinte, dachte sich aber weiter nichts dabei. In der darauffolgenden Nacht vernahm Oma Meyer das Klopfen zur Mitternacht wiederum. Jetzt wurde sie schon nervöser und befragte erneut ihre Schwiegertochter, die aber auch jetzt nichts wußte, allerdings Nachbarn von der Fragerei berichtete und meinte, daß die Oma eben langsam wunderlich werde. In der nächsten, nunmehr dritten Nacht klopfte es pünktlich um zwölf Uhr wieder dreimal an Oma Meyers Fensterscheibe. Man kann sich ihre Aufregung vorstellen; am nächsten Morgen verkündete sie vehement, daß dies der Totenvogel gewesen sei und noch heute mit dem Ableben eines Menschen in unmittelbarer Nähe zu rechnen sei. Und man mag es glauben oder nicht: am Nachmittag dieses Tages erlag ein 37jähriger Familienvater, der im ehemaligen Schafstall (Edelhof 5) wohnte, aus heiterem Himmel einem Herzinfarkt!

Meine Großmutter hielt nicht viel von derartigen Geschichten, wie sie ja in Form von Ahnfrau- und Gespenstererzählungen auf vielen alten Gütern kursieren. Allerdings gab sie zu, daß sie in ihrer Jugend einmal selbst etwas sehr Merkwürdiges erlebt habe: Auf dem Besitz eines Onkels in Thüringen hieß es, daß in der Nacht vor dem Ableben des jeweiligen Schloßherrn auf dem Hof ein Geräusch ertöne, das von einer von galoppierenden Pferden über Pflastersteine geschleiften Kette zu stammen scheine. Und genau dieses Geräusch habe meine Großmutter eines Nachts gehört. Sie sei aufgestanden, habe das Fenster aufgemacht, aber auf dem Hof nichts gesehen. Allerdings seien auch in den anderen Flügeln des Schlosses Lichter angegangen und Fenster von Bewohnern geöffnet worden, die ebenfalls das Geräusch gehört hatten. Sehr beunruhigt sei sie wieder ins Bett gegangen. Am nächsten Tag habe man die Nachricht erhalten, daß der Schloßherr während einer Reise, die er gerade unternahm, plötzlich gestorben war.

Als wahr wurde mir auch die Geschichte übermittelt, die sich in einem mecklenburgischen Schloß ereignete: hier hieß es, daß in einem bestimmten Zimmer jeweils zur Mitternachtsstunde ein Gespenst erscheine. Ein besonders mutiger Gast meinte, er werde trotzdem dort schlafen und notfalls von seinem Revolver, der auf dem Nachttisch bereitläge, Gebrauch machen. Der Schloßherr wollte sich einen Spaß machen, nahm abends heimlich die Kugeln aus dem Revolver und erschien punkt zwölf Uhr nachts in einem langen weißen Gewand vor dem Bett des Gastes. Dieser ergriff den Revolver und schoß mehrere Male. Der Schloßherr tat so, als ob er die Kugeln auffinge und warf diese dann zurück auf den Gast - dieser erschrak hierüber so heftig, daß er einen Herzschlag erlitt und tot umfiel!

Die Familie Meyer

Oma Meyer, die rührend für ihre Kinder und Enkelkinder gesorgt hatte, starb friedlich während eines Mittagsschlafes Anfang der 70er Jahre, nachdem sie über vierzig Jahre als Frau des Böttchers Karl Meyer auf dem Edelhof gelebt hatte. Ihr Sohn - genannt "Kalle Meyer" - stellte ein besonderes Phänomen dar. Er war der letzte Böttcher-Lehrling in Hannover, übte diesen Beruf aber kaum aus, auch seine übrigen offiziellen Berufstätigkeiten liebte er nicht gerade übermäßig. Hierfür war er auch zu schade, denn er konnte einfach alles! Wenn mal wieder der Schlüssel innen in der geschlossenen Tür steckte und man selbst draußen machtlos davorstand - für Kalle kein Problem! Reparaturen sämtlicher Art, insbesondere die von Autos, waren geradezu seine Leidenschaft. Selbst als Rattenfänger war er erfolgreich. Und dies kam so: Christa Dieselhorst, die in der ersten Etage des Gutshauses wohnt, wunderte sich seit geraumer Zeit, daß an ihrer hölzernen Klo-Brille in zunehmendem Maße seltsame Nagespuren zu finden waren. Eines Tages war der WC-Deckel offengeblieben, und als Christa ins Badezimmer kam, hockte in der Badewanne eine ausgewachsene Ratte! Diese war das Abflußrohr hochgeklettert, durch das Wasser im Klo getaucht und, als dessen Deckel offenstand, mit einem Sprung in die Badewanne gehüpft. Was tut man in einem solchen Falle? Natürlich Kalle Meyer rufen! Dieser bewaffnete sich nun nicht mit einer Flöte wie sein Hamelner Vorgänger, sondern mit einem Luftgewehr, mit dem er die Ratte auf seine Weise erledigte.

Typisch für Kalle Meyer war seine "Aquamanie", wie ich sie nennen möchte. Wenn im heißesten Hochsommer alles dürstete - Kalle bewässerte den Hof, bis dieser quasi landunter war. Und, seltsam wie sich Dinge wiederholen, diese Wasser-Begeisterung scheint sein Sohn Hänschen, der wie schon seine Großeltern und Eltern im Gebäude Edelhof 8 A wohnt, geerbt zu haben. Im Sommer sprengt er die Rasenflächen mit einer Inbrunst, die sehr an seinen Vater erinnert. Genauso wie dieser technisch begabt, konstruiert Hänschen Beregnungsanlagen, die niederweckend sind. Der Lohn für seine Ausdauer ist auch zu meiner Freude ein tiefgrüner

Rasen, allerdings genau nur dort, wo sich Hänschen Meyers "Reich" befindet. Hart daneben ist alles verdörrt. Aber insgesamt kann ich nur sagen, daß ich sehr froh bin, daß sich die Kalle-Meyer-Tradition mit seinem Sohn bestens fortsetzt. Wenn es bei von normal Begabten schier unlösbaren technischen Problemen früher hieß "Kalle Meyer wird's schon machen", so heißt es eben heute "Hänschen wird's schon machen".

Das "Große Haus"

Blicken wir nun hinüber zum Hauptgebäude des Edelhofs, dem Herrenhaus, von uns genannt "das Große Haus". Das Datum seiner Errichtung ist leider nicht bekannt. Es heißt, daß sein Vorgänger-Bau, von dem noch der Keller mit seinen Tonnengewölben stammt, im Dreißigjährigen Krieg zerstört worden sei, und das heutige Gebäude auf diesen Fundamenten um 1700 herum neu errichtet worden sei. Im Laufe der Jahrhunderte ist an dem Gebäude ständig innen wie außen herumgebaut worden. Ursprünglich wurde der Edelhof an seiner Ostseite von zwei Gebäuden begrenzt: rechts das Herrenhaus, links ein sehr altes und großes Stallgebäude. Diese beiden Gebäude wurden 1904 durch einen Zwischenbau verbunden. Das Stallgebäude brannte 1943 wie der Ochsenstall auf der anderen Seite des Hofes vollständig nieder. Den nächtelangen Einsätzen meiner Mutter und ihrer Schwester Gabriele ist es zu verdanken, daß das Feuer nicht auf das Herrenhaus übergriff und dieses somit gerettet werden konnte. Der hintere Teil des tonnengewölbten Branntweinkellers (leider haben wir die Lizenz zum Schnapsbrennen heute nicht mehr) wurde 1904 als Treppenhaus zur Erschließung des neuen Zwischenbaus ausgebaut. Von wann die dem Wetterschutz dienende Holzverschalung der Westseite des Herrenhauses stammt, ist nicht überliefert. Um die Jahrhundertwende erhielt die Fassade durch den Erker einen besonderen Akzent; die Haustür, die sich vorher mittig unter dem Giebel befand, wurde nach links versetzt, um im Inneren einen Windfang zu erhalten. Die ehemalige Türöffnung wurde damals mit dem heute noch erhaltenen farbigen Glas gestaltet. Die zahlreichen inneren Umbauten aufzuzählen, würde zu weit führen. Insbesondere nach dem Zweiten Weltkrieg erfolgten natürlich Änderungen, da dieses Gebäude, das ursprünglich lediglich für eine Familie, nämlich die des Gutsherrn, gedacht war, nunmehr von vierzehn Flüchtlingsfamilien genutzt wurde.

Da ich in diesem "Großen Haus" meine Kindheit verbrachte, sind mit ihm auch meine Erinnerungen an die Kriegszeit verbunden. Sein altes, dickes Kellergewölbe bot uns bei den vielen Luftangriffen Schutz, so daß wir bei Flieger-Alarm nicht in einen öffentlichen Bunker eilen mußten. Und da wir Kinder uns nicht über die verheerenden Bomben im klaren waren, fanden wir es im Keller eigentlich gemütlich und interessant. Aufregend war es, wenn - wie eines Nachts geschehen - der Bauer Großkopf erregt zu uns in den Keller kam und berichtete, daß im Haus auf dem Hof trotz des totalen Verdunkelungsgebots das Licht brenne. Was war geschehen? Ein Splitter einer im Wald niedergegangenen Bombe war ca. einen Kilometer durch die Luft geflogen, hatte das Parktor beschädigt, zwei Wände des Hauses Edelhof 8 A durchbohrt und dabei den Elektroschalter betätigt. Der Splitter war dann genau dort in der dritten Wand steckengeblieben, wo die Nächte vorher die Mutter von Karl-Ludwig Meyer an dessen Krankenlager gesessen hatte - an diesem Abend war sie zum erstenmal mit dem Kranken in den Luftschutzkeller gegangen. Den Beiden war also zum Glück nichts passiert.

Schön war es für uns Kinder auch dann im Keller, wenn Besuch anwesend war, der Interessantes zu erzählen wußte. Ein wenig enttäuscht waren wir allerdings, als die Fürstin Schaumburg-Lippe erschien - wir hatten uns eine Dame in langem weißen Kleid und einer Krone auf dem Kopf vorgestellt, und nun war es eine völlig "normale Frau"! Ganz besonders gern gingen wir dann nach unten, wenn unser Onkel Jürgen Alten versprach, uns Zauberkünste vorzuführen. Diese Erlebnisse in unserem alten Keller erklären auch tiefenpsychologisch, warum mich bis weit ins Erwachsenenalter hinein bei Sirenenalarm ein wohliges Gefühl überkam - in meinen Kindheitstagen hieß dies eben nicht "wir *müssen*", sondern "wir *dürfen*" in den Luftschutzkeller. Wie fürchterlich die Verheerungen der Luftangriffe waren, haben wir als Kinder nicht wirklich mitbekommen. Als wir wegen einer eingestürzten Treppe einmal nicht in den Keller konnten und die Nacht unter einem Apfelbaum im Park verbringen mußten, wobei wir den Himmel durch das brennende Hannover erleuchtet sahen, haben wir dies wohl eher als spannend angesehen, ohne die dazugehörige Tragik zu erkennen. Die damalige Erlebniswelt der Erwachsenen mit ihren seelischen wie körperlichen Belastungen übertrug sich glücklicherweise nicht auf die Kinder. Sie wurde mir erst später klar, als ich einen knappen, aber bezeichnenden Tagebucheintrag meiner Mutter aus jenen Jahren las, der lautete: "Heute kein Luftangriff". Die an den sonstigen Tagen einsetzenden zahlreichen Luftangriffe waren ganz zur Normalität geworden und daher gar nicht mehr erwähnenswert.

Gegen Ende des Krieges war es für uns Kinder ein aufregendes Erlebnis, als eines Tages - wohl im April 1945 - amerikanische Soldaten in einem mit Maschinengewehren bestückten Jeep auf dem Hof standen, die sich anschickten, unsere Hühner abzuschießen. Meine Großmutter ging aber mutig mit einem Körbchen voller Eier auf sie zu und bat, diese anstelle des Federviehs zu nehmen, da die Hühner für die Ernährung der auf dem Hof lebenden Kinder wichtig seien. Die Amerikaner hatten ein Einsehen und verließen den Hof. Vor ähnlichen Übergriffen bewahrte uns insbesondere Johann; dies war ein während des Krieges dem Gut als Zwangsarbeiter zugewiesener Pole, der von uns jedoch freundschaftlich behandelt wurde - wie schön haben wir Kinder mit ihm gespielt! Er nahm die bei Plünderungen gefährdetsten Gegenstände - wie Radio, Plattenspieler, Fotoapparate u.ä. - zum Schutz in seine Wohnung. Besonders bedeutsam aber war es, daß er plünderunsgswütige ehemalige polnische und russische Kriegsgefangene mit den Worten "Nix hier - dies nur gutte Leute - geht fort!" abwehrte. Dies wirkte immer wie ein Wunder, und so blieben wir zu Ende des Krieges und in den ersten Wochen danach vor Räubereien verschont. Wir sind Johann sehr dankbar; er kehrte dann in seine Heimat zurück, leider haben wir nie wieder etwas von ihm gehört.

Dann aber kam der 19. Mai 1945 und mit ihm der Tag der Beschlagnahme des Edelhofs durch die englische Besatzungsmacht. Die Bewohner des Gutshauses wurden aufgefordert, dieses binnen acht Stunden zu verlassen - man kann sich vorstellen, was dieser Zeitdruck an Organisationstalent, aber auch an Körperkräften erforderte: welche Dinge mußten vorrangig gerettet werden, wohin damit? Leider stellten sich auch ungebetene deutsche "Helfer" ein, die zwar zur Leerräumung des Hauses beitrugen, allerdings in einer von den Eigentümern ungewollten Weise ...

Diese Stunden, in denen in aller Eile das Nötigste zusammengepackt werden mußte, waren für meine Mutter durch eine zusätzliche Tätigkeit gekennzeichnet, die mal wieder für ihren Einfallsreichtum sprach. Um zu verhindern, daß die Jagdmunition meines Großvaters in die Hände der Besatzer fiel, tat sie diese nach und nach in ihre Schürzentasche, und jedesmal, wenn sie an einem Klo vorbeikam, warf sie Patronen hinein und zog. Sie meinte, sich noch später der ob ihres vermeintlich regen Stuhlgangs verwunderten Blicke der wachthabenden Soldaten erinnern zu können. Zahlreiche Waffen - so hing die eine Halle voller zum Teil antiker Schwerter, Dolche usw. - hatte man bereits etwas früher in der Beeke bzw. im "Nickelmannsteich" im Park versenkt. Das regte später natürlich die Phantasie von uns Schülern an, so hätten wir am liebsten die Beeke umgeleitet, um die Schätze heben zu können... Wiedergefunden ist nie etwas, auch wenn ich viel später einmal den Nickelmannsteich zur Säuberung ausheben ließ.

Die Engländer hatten mit dem Edelhof eine für Besatzungssoldaten ideale Unterkunft gefunden; das Herrenhaus und die Nebengebäude, die sie noch um weniger schöne Baulichkeiten wie zum Beispiel zwei Baracken auf dem Hof ergänzten, boten ihnen vielfältige Nutzungsmöglichkeiten. Im Park legten sie einen Reitplatz an und über die Beeke bauten sie eine Brücke, damit sie zum Schwimmen bequemer in den Kiesteich konnten. Als sie nach dem Hochwasser den Edelhof wieder freigaben, bot das, was sie zurückließen, allerdings ein Bild des Jammers: die wertvollsten Möbel hatten sie zerstört, Ölgemälde zerstochen, schönste Bäume im Park umgehauen. Noch heute besitze ich den alten Hahn vom Kapellenturm; zahlreiche Löcher lassen erkennen, daß er von den Besatzungssoldaten als Zielscheibe mißbraucht wurde. In die Off-Limits-Räume, in die bei der Räumung in aller Eile wichtige Dinge gebracht worden waren und in die sie vereinbarungsgemäß nicht hätten eindringen dürfen, waren sie dennoch eingebrochen, um zahlreiche Gegenstände zu rauben. Von den übrigen hier gelagerten wertvollen Gegenständen hatten sie soviele kurz- und kleingeschlagen, daß ihre Überreste einen ganzen Pferdewagen füllten, auf dem sie nur als Müll fortgefahren werden konnten. Über den Verlust dieser Sachen waren meine Großeltern und Eltern natürlich sehr betrübt, zumal man die Räubereien und Zerstörungen tatenlos mitansehen mußte, so daß mein Großvater meinte, eine alles auf einmal zerstörende Bombe wäre ihm lieber gewesen. Besonders enttäuscht war man aber, daß dies alles durch Engländer geschah, denen man ein derartiges Verhalten nicht zugetraut hatte. Daß ein schlechtes Gewissen auch auf englischer Seite - wenn auch erst nach langer Zeit und wohl auch nur vereinzelt - aufkam, zeigt folgende Geschichte: Jahrzehnte später saßen wir beim Tee, als ein Engländer erschien, der aus seiner Tasche einen arg scheußlichen Jugendstil-Briefbeschwerer kramte und erzählte, daß er diesen 1946 bei uns gestohlen hätte. Inzwischen sei er Erzieher für schwererziehbare Kinder, und dieser Diebstahl laste sehr auf seinem Gewissen, daher möchte er dieses Souvenir nunmehr zurückbringen. Das Angebot, den Briefbeschwerer geschenkt zu bekommen, lehnte er ab, zog stattdessen mit einer autogrammgeschmückten Ansichtskarte vom Großen Haus versehen seelisch erleichtert von dannen.

Die Jahre der Schauspielschule

Wenn das "Große Haus" sprechen könnte, was könnte es alles erzählen! Eine besonders außergewöhnliche Periode ist sicherlich die Zeit der Schauspielschule, die nach dem Abzug der Engländer 1946 in das Gebäude einzog. Ein Vetter meines Großvaters, Jürgen v. Alten, der in den 30er Jahren in Berlin ein bekannter Schauspieler und Regisseur gewesen war, hatte zusammen mit Hans-Günther v. Klöden eine private Schauspielschule gegründet und für diese Zwecke Räume im Herrenhaus sowie in den Wirtschaftsgebäuden und den von den Engländern hinterlassenen Baracken gemietet. Hier entwickelte sich nun ein ganz spezielles Leben, und zwar nicht nur in künstlerischer Hinsicht - immerhin wurden auf der Bühne in der Baracke Theaterstücke aufgeführt, die man "tausend Jahre lang" nicht sehen durfte - sondern auch unter menschlichen Aspekten. Bei den Schauspielschülern handelte es sich um einen bunt zusammengewürfelten Haufen durch die Kriegswirren versprengter junger Menschen, die hier eine Art gemeinsames Zuhause fanden. Für die Dorfbevölkerung war es allerdings etwas verwunderlich, wenn ein Schauspielschüler irgendeinen dramatischen Monolog deklamierend die Beekestraße entlangstolzierte. Aber es gab auch Verständnis und Unterstützung; so steckte die alte Bäckersfrau Dettmer den Schauspielschülern immer wieder mal ein Brötchen kostenlos zu. Hellmut Lange dankte es ihr später, als er längst durch das Fernsehen bekannt geworden war, indem er vor Besuchen bei uns erst zu Frau Dettmer ging und ihr Blumen überreichte. Besondere Hilfe bekamen die Schauspielschüler insbesondere auch durch meine Mutter, die nicht wenige der Schauspielschüler geradezu durchfütterte. Die Zeit der Schauspielschule auf dem Edelhof ist ein Kapitel für sich; es gibt zahllose Histörchen, die bei Besuchen ehemaliger Schauspielschüler immer wieder erzählt werden, die man aber nicht oft genug hören kann.

So wäre es Hanns Lothar beinah bös ergangen: der damals noch nicht bekannte Jungschauspieler hatte an einem der zahlreichen Abende in der Schauspielschule, die sicherlich künstlerisch begannen, dann aber doch wohl mehr den Freuden des Bechers gewidmet wurden, teilgenommen und dabei mehr getrunken, als er vertrug. In seinem Rausch fand er keine andere Schlafstätte als einen Heuhaufen auf der Hofwiese, wo ihn am nächsten Tag die Hochsommer-Sonne derartig briet, daß es ein Glück war, daß mein Großvater ihn dort gerade noch rechtzeitig entdeckte und zur Auskühlung an einen schattigen Platz bringen lassen konnte.

Alkohol wird wohl auch im Spiel gewesen sein, als Jürgen v. Alten eines Nachts mit der "Grünen Minna" - dem von den Schauspielschülern so getauften Lieferwagen, der ihnen als Transportmittel diente, wenn sie über Land tingelten - auf den Edelhof heimkehrte, und nicht mehr wußte, wie man den Motor abstellte. Er soll dann solange um das in der Mitte des Hofes stehende Haus gefahren sein, bis der Benzintank leer war!

Schön ist auch die Geschichte mit der Schauspielschülerin, die wir Heide Fichte nennen wollen: Sie bewohnte ein Zimmer in einem Gasthaus im Dorf, wo meine Mutter sie einmal unangemeldet besuchte. Heide hatte nur einen Bademantel an, was meine Mutter aber nicht wunderte, denn der Tages- bzw. Nachtrhythmus verlief eben bei den Schauspielschülern anders als man es gewöhnt war. Da Stühle fehlten, saßen meine Muttter und Heide auf der Bettkante und es begann eine rauschende Unterhaltung, die nicht gerade kurz war. Was meine Mutter nicht ahnte, war, daß unter der Bettdecke nur wenige Zentimeter von ihr entfernt der Freund von Heide lag, der kaum noch Luft bekam und das Ende der Klönstunde sehnlichst herbeiwünschte.

Dieser Freund soll auch eines Abends, als er seine Freundin mal wieder besuchte und ihn ein menschliches Bedürfnis überkam, unbekleidet nach draußen "hinter einen Hofbaum" gegangen sein; als er wieder ins Haus wollte, war die Tür allerdings verschlossen. Man kann sich vorstellen, daß er sich etwas schwertat, den Weg zu Freunden im Dorf zu finden, die ihm etwas liehen, womit er seine Blöße bedecken konnte. - Dieselbe Heide hatte auch einen Hund, den sie wegen der draußen herrschenden Eiseskälte nicht "Gassi gehen" lasssen wollte; stattdessen verpackte sie sein "Geschäft" in ein Stück Zeitungspapier und band dieses Päckchen außen an ihr Fenster. Morgens wurde sie von einem fürchterlichen Fluchen geweckt: der Faden des Päckchens war gerissen, so daß es in des Nachbars Garten gefallen war. Dieser hatte das Bündel gefunden und voller Vorfreude auf eine in dieser Nachkriegszeit willkommene Gabe geöffnet - mit diesem Inhalt hatte er allerdings nicht gerechnet.

Derartige Geschichten standen natürlich auch im Mittelpunkt eines Treffens, das wir 1986 aus Anlaß des 40jährigen Gründungstages der Schauspielschule organisierten. Aus der Schauspielschule auf dem Edelhof ging eine ganze Reihe später bekannter Schauspieler hervor - erwähnt seien Klaus Kammer, Hellmut Lange, Herbert Bötticher, Herbert Mensching, Günter Kütemeyer und der spätere langjährige Intendant der hannoverschen Landesbühne Reinhold Rüdiger. Andere Schauspielschüler ergriffen artverwandte Berufe, z. B. als Rundfunksprecherinnen wie Ilse Streu oder Eva-Maria Bodenstedt, weitere hatten eben nur eine herrliche Zeit auf dem Edelhof und nahmen später völlig Abschied von der Schauspielerei. Mit der Schule selbst ging es in den Jahren nach der Währungsreform, als kein Mensch mehr Geld für Kultur ausgab, bergab, so daß diese bald ihren privaten Charakter verlor und Grundstock der Schauspielabteilung der späteren Hochschule für Musik und Theater in Hannover wurde. Ihr Leiter, Professor Hans-Günther v. Klöden, hat bis zu seinem Tode 1986 noch auf dem Edelhof gewohnt. Auf uns Kinder übte die Schauspielschulzeit natürlich eine große Faszination aus; so machten wir es wie die Großen und spielten selbst Theater und organisierten Aufführungen. Als wir dies jedoch auch öffentlich tun wollten und wohl auch einen Eintrittsobolus nahmen, erlebten wir ein Fiasko. Unser jugendliches Publikum war mit unseren Künsten gar nicht einverstanden, randalierte, stellte die Stühle auf die Bühne und verlangte sein Geld zurück. Weitere entsprechenden Versuche haben wir dann aufgegeben.

Besonders aufregend waren die Wochen im Jahre 1949, als auf dem Edelhof die Aufnahmen für den Film "Das Glück kam über Nacht" gedreht wurden. Der Hauptdarsteller, Ludwig Röger, wog - wie er betonte - "299 Pfund", keiner wollte ihn als Übernachtungsgast aufnehmen, da man Angst um die Betten hatte. Meine Mutter erbarmte sich seiner, legte jedoch vorsichtshalber Steine unter das Sofa, auf dem er schlief. Wir Kinder durften bei den Filmaufnahmen als Statisten auftreten. Meine Schwester konnte als Käuferin einer Zeitschrift ihre schauspielerischen Fähigkeiten beweisen. Ich selbst hatte eine weniger tragende Rolle: ich sollte einen "Tonnreifen" über den Hof rollen (ein Spiel, das es heute, glaube ich, gar nicht mehr gibt). Beim ersten Mal mußte die Szene allerdings wiederholt werden, da ich den Reifen gegen das Schienbein der Hauptdarstellerin schlug. Wie sah es in diesen Tagen anders auf dem Edelhof aus! Die Nissenhütte im Park erhielt eine Holz- und Papp-Fassade, so daß sie wie eine schmucke Villa aussah; der Schauer war zu einer modernen Küche und der Eingangsbereich der Baracke zu einem Kiosk umgestaltet. Meine Eltern nahmen das Ganze als "moralische Anstalt"; sie wiesen auf die Potemkinschen Dörfer hin und mahnten uns, nie zu vergessen, daß beim Film immer alles Lug und Trug sei.

Rösemeyers

Über die vielen Bewohner des alten Herrenhauses nach dem Zweiten Weltkrieg wäre so einiges zu berichten. Doch lassen wir dies, zumal die "Schonfrist" in den meisten Fällen noch nicht abgelaufen ist. Womit ich nicht sagen will, daß etwa Böses ans Tageslicht käme; manche Geschichten sind nur eben einfach spaßig, brauchen aber den zeitlichen Abstand, um neutraler zu werden. Eine Person möchte ich allerdings schon heute be-schreiben: In eine winzige Wohnung im Erdgeschoß zog Anfang der fünfziger Jahre die Familie Rösemeyer, Vater und Mutter mit drei Töch-tern. Letztere haben allerdings recht bald das Haus verlassen, da sie be-reits in sehr jungen Jahren aufgrund sich einstellenden Nachwuchses ei-gene Hausstände gründeten (Als Einschub sei hier der bereits erwähnte Pastor Kreye zitiert, der die jüngste Tochter Rösemeyer, als sie als Braut zur Trauungszeremonie in die Kirche trat, wobei der Grund für die frühe Hochzeit nicht zu übersehen war, mit den Worten begrüßte: "Na, Mäd-chen, mußte das denn sein?"). Zurück also: Frau Rösemeyer - bald von meiner Großmutter "Röschen" genannt - führte meinen Großeltern den Haushalt. Nachdem mein Großvater gestorben war, stand sie meiner Groß-mutter bis zu deren Tode beiseite, denn wie sie dies in ihrer phantasie-voll-plastischen Art ausmalte "das habe ich doch Herrn Baron auf sei-nem Totenbett in die Hand versprochen".

"Röschen" war - und ist ja noch - in vielfacher Hinsicht eine besondere Person. Ihre Jugend als Tochter eines Schneidergesellen in der Lüneburger Heide mit bäuerlicher, aber auch kaufmännischer Verwandtschaft und Bezugspersonen, deren Wertvorstellungen durch ein überkommenes christ-lich-konservatives Weltbild geprägt waren, hat ihrem Leben Strukturen verliehen, die ihr noch heute das äußere wie innere Gerüst geben. (Inwie-weit allerdings ihre Aussage stimmt, daß sie und "ihr Friedrich" - das war ihr Mann - jeden Morgen im Bett sitzend den Tag mit einem christli-chen Choral begrüßten, will ich nicht beurteilen.) Unter Lebensstrukturen, die für Frau Rösemeyer festgelegt sind, verstehe ich auf der einen Seite den äußeren Ablauf ihrer Lebensführung. So ist der sonntägliche Kirch-gang eine Selbstverständlichkeit; daß sie Feiertage "Däumchen drehend" herumsitzt und den Alltag, an dem man endlich wieder aktiv sein darf, herbeisehnt, ist "modernen" Menschen wohl kaum noch erklärlich, ge-hört aber eben auch zu diesen Strukturen. Dieser äußere Rahmen ihrer Lebensgestaltung überträgt sich auch auf - so möchte ich es entsprechend nennen - "die inneren Strukturen": das Leben mit allen seinen Vorkomm-nissen ist eben eine ganz natürliche Angelegenheit, und so muß es im Frohen wie im Traurigen genommen werden, wobei Krankheit und Ster-ben hierbei keine Ausnahme sind. Dieses natürliche Verhalten gegen-über dem Tod war zum Beispiel zu beobachten, als ihr Schwiegersohn Rathje plötzlich in jungen Jahren einem Herzinfarkt erlag. Einen Nachmittag lang schrie und kreischte Frau Rösemeyer wie ein griechisches Klageweib, dann aber war "es heraus", nun hatte man sich praktischen Dingen zuzuwenden: Was mußte angepackt, wie konnte geholfen werden. Ähnlich war es bei dem Tode ihres Mannes; das Ehepaar war im Laufe der Zeit so miteinander verwachsen, daß man sich den einen ohne den anderen eigentlich gar nicht vorstellen konnte. Nach dem qualvollen Tod ihres Mannes (Zitat Frau Rösemeyer: "Vor dem Tode habe ich keine Angst, wohl aber vor dem Sterben!") war sie in überraschend kurzer Zeit aber wieder die alte. Witwensein war und ist eben für sie ein Teil des Lebens, und das ist zu akzeptieren, wenn auch natürlich gelegentlich zu zelebrieren.

In all diesem festgefügten Lebensverhalten ist sie ihrer großen Familie wohl ein Vorbild; jedenfalls verstand sie es, geradezu einen Clan zu bilden, deren Mittelpunkt sie ist. Beeindruckend das Foto der Goldenen Hochzeit des Ehepaares Rösemeyer: dieses inmitten einer kaum zählbaren Nachkommenschaft. Und seine Abkömmlinge scharen sich nicht nur an besonders hohen Ehrentagen um sie, sondern halten auch ansonsten engen Kontakt. Mein Vater empfand für dieses Familienleben der Rösemeyers immer ein besonders wohlwollendes Interesse, so daß er einmal meinte (und dies zitierte der Pastor bei der Trauerfeier für den alten Rösemeyer): "Leute wie die Rösemeyers verlängern einem das Leben!" Daß meinem Vater, dem so Unkommerziellen, die Geschäftstüchtigkeit von Frau Rösemeyer manchmal nicht ganz so genehm war, tat dem Wohlwollen keinen Abbruch. Frau Rösemeyer ist genauso gartenbegeistert wie es mein Vater war; wenn es allerdings um den Absatz ging, verschenkte mein Vater die Dinge lieber (er hatte einen alten Holzschuh als Kasse aufgestellt, in den jeder nach freiem Ermessen etwas hineintun konnte). Frau Rösemeyer ist demgegenüber voll kaufmännischer Leidenschaft; es ist ihr geradezu ein Sport, möglichst viel abends abrechnen zu können.

Eine andere Eigenschaft amüsierte demgegenüber meinen Vater ganz besonders, und da es ihm so viel Spaß machte und er sich mit Frau Rösemeyer ja so gut verstand, sei es erlaubt, es hier zu erzählen: Frau Rösemeyer liebt es, Fremdwörter zu benutzen, tut sich mit diesen allerdings gelegentlich etwas schwer. So pries sie das Haus ihrer Kinder, dessen Flur-Fußboden so schön bunt verlegte *Musik-Steine* zierten. Oder sie schimpfte über die Bomben werfenden *Touristen* in Berlin. An den Namen der von meinem Vater bereits in den fünfziger Jahren - und damit wohl als einem der ersten, zumindest in Norddeutschland - gezogenen Zucchinis konnte sie sich lange nicht gewöhnen, so daß sie einmal, von einem Besucher nach meinem Vater gefragt, antwortete: "Herr v. der Osten ist dahinten im Garten bei die Bikinis". Besonders schön war es, als sie erzählte, daß die gestohlene Brieftasche ihres Schwiegersohnes wiedergefunden sei, und zwar - und dies sei ihr so peinlich - hinter dem Bahnhof "bei so, so einer Protestantin". Vater genoß diese zahllosen Fremdwortverwechslungen - immer wieder hieß es: "Man müßte sie aufschreiben!" - nicht etwa aus geistigem Hochmut heraus. Er wußte, daß kein Mensch perfekt ist, und dies war eben die Schwäche von Frau Rösemeyer, mit der sie allerdings Freude bereitete, so daß es jammerschade wäre, wenn ihre Kinder ihr dieses abgewöhnen würden.

Im Park

Bei der Fortsetzung unseres Rundgangs werfen wir einen Blick auf das Altensche Wappen an der Parkmauer, das ich zur Erinnerung an meine Großeltern 1972 hier anbringen ließ, wobei die Daten für meine Großmutter 1975 ergänzt wurden. Die hier verwendete Titulierung meines Großvaters als "Erbherr auf Ricklingen" ist eine früher benutzte Bezeichnung für den Gutsherrn, mit der wohl ausgedrückt werden sollte, daß das Gut diesem "erb- und eigentümlich" zustand. Lehnsbesitz konnte nämlich früher nicht frei vererbt werden; beim Tode des Belehnten mußte jeweils eine Neubelehnung erfolgen, die sich allerdings im Lauf der Zeit de facto wie eine männliche Erstgeburtsregelung auswirkte. Als es das mittelalterliche Lehnsrecht nicht mehr gab, bestimmten viele Gutsbesitzer - so auch beim Rittergut Ricklingen - daß die Besitzung grundsätzlich nicht geteilt und jeweils nur auf den ältesten Sohn beziehungsweise auf den nächsten männlichen Namensträger vererbt werden durfte. Die übrigen Angehörigen hatten sich mit einer Apanage abzufinden (deren Zahlung dem Erben häufig schwer genug fiel), nahmen dies aber als Selbstverständlichkeit hin, zumal sie wußten, daß nur auf diese Weise das Gut - das ja auch ihr heimatlicher Bezugspunkt war, zu dem sie immer wieder gern zurückkehrten - langfristig erhalten werden konnte. Dieses sog. Fideikommissrecht, das in den zwanziger Jahren dieses Jahrhunderts aufgehoben wurde, verhinderte eine Zersplitterung alten Familienbesitzes, die dessen Ende bedeutet, zumindest jedoch dazu führt, daß häufig die historischen Gebäude- und Gartenanlagen nicht mehr ausreichend unterhalten und gepflegt werden können.

Ganz unabhängig von juristisch-spitzfindiger Terminologie fühlte sich ein Erbherr - mir geht es übrigens auch heute noch so - nicht als "Eigentümer", sondern sah sich lediglich als "Besitzer" seines Gutes, dessen Hege ihm anvertraut war - ganz im Goetheschen "Erwirb es, um es zu besitzen."

Wir betreten nun den Park, der als Landschaftsgarten wohl hauptsächlich ab 1854, als mein Ururgroßvater Friedrich Curd Ricklingen geerbt hatte, gestaltet worden ist. Alten Bildern ist zu entnehmen, daß dieses eine äußerst gepflegte, großzügige Anlage mit herrlichen Bäumen und breiten Wegen war. Es heißt, daß zum Wochenende jeweils zwanzig Frauen gekommen seien, um die Wege zu fegen (nicht zu harken, denn dieses würde die Schuhe schmutzig machen). Diese Pflege ist natürlich heute nicht mehr möglich, so daß der Park in weiten Bereichen verwildert ist und viele Wege gar nicht mehr vorhanden sind. Nicht wenige Bäume sind aufgrund ihres Alters, Sturmschäden oder auch mutwilliger Zerstörungen durch die Engländer verschwunden. Ich versuche heute, die wichtigsten Bereiche zu pflegen und Neuanpflanzungen vorzunehmen. 1994 habe ich begonnen, im Eingangsbereich ein "Rosarium" anzulegen. Auch pflanzte ich in den letzten gut zwanzig Jahren mehrere Bäume, z. B. Anfang der siebziger Jahre im oberen linken Teil der Hofwiese eine Blutbuche, die prächtig gewachsen ist, leider in den letzten Jahren aber etwas kränkelt. Ganz in der Nähe hiervon habe ich im Herbst 1994 ein Exemplar einer vom Aussterben bedrohten Buchenart angepflanzt: Es handelt sich um eine Süntelbuche - erkennbar an ihren bis an den Erdboden hängenden Ästen -, die mir Sigismund und Monica Adelmann aus ihrem Park in Hasperde überließen. Eine außergewönliche Pflanzgeschichte hat die Kugelakazie im nördlichen Teil der Hofwiese: ich habe sie meiner Mutter zu ihrem 70. Geburtstag 1985 geschenkt. Um es eine Überraschung werden zu lassen, pflanzten wir sie heimlich Punkt zwölf in der Nacht zum 13. März, was beim Mondschein aufregend und romantisch zugleich war. Jedenfalls animierte mich das derart, daß ich danach vor dem Kamin noch stundenlang Gespenstergeschichten erzählte. Aus speziellem Anlaß wurde auch der Gingko-Baum gepflanzt, nämlich zur Erinnerung an die Wiedervereinigung Deutschlands am 3. Oktober 1990. Obwohl wir im Kreise einiger Freunde - so Doro Wevell, Floh Binczik und Jürgen Piquardt - mit Sekt auf sein Gedeihen anstießen, kümmert er bisher noch etwas vor sich hin, darin dem Zusammenwachsen der beiden Teile Deutschlands nicht unähnlich.

Ein besonderes Ereignis stellt das von mir seit 1978 jährlich organisierte "Picknick im Park" dar. In der Reihe "Musik auf dem Edelhof", zu der auch die winterlichen Kapellenkonzerte gehören, stand ursprünglich bei dieser Sommerveranstaltung eine open-air-band im Mittelpunkt, um die man sich picknickend lagerte. Im Laufe der Zeit ging allerdings durch die zunehmende Kinderzahl (in manchen Jahren kommen rund 160 Kinder!) der Konzertcharakter verloren, so daß die Musik meistens mehr oder weniger lediglich zur Hintergrundbeschallung wird. Für die Kinder gibt es jeweils eine zusätzliche Attraktion, sei es ein Zauberer, ein Clown oder ein Theaterstück. Am wohl wichtigsten - und dafür ist das Picknick nun schon bald bei Generationen von Kindern bekannt - ist aber, daß es "Eis satt" gibt. Es ist den Kindern ein Sport, möglichst viele Eisgutscheine, die ich unter lautem Geschrei und Getobe der Kinder verteile, zu ergattern. Ob man wirklich alle dreißig oder vierzig Kugeln, für die man sich Bons erkämpft hat, verzehren kann, ist dabei nicht ganz so wichtig, zumal diese ja wohl auch im nächsten Jahr noch Gültigkeit haben ...

Für dieses Picknick, das nun schon zu einer Institution geworden ist, bei der man sich trifft, wiedersieht oder kennenlernt, habe ich einmal ein besonders hübsches Lob bekommen: die kleine Elgin Meding rief beim Hinausgehen zum Schluß eines Picknicks mir zu: "Victor, Victor!" Ich: "Ja, was ist denn?" "Eins will ich Dir sagen!" "??" "Im nächsten Jahr komme ich wieder!"

Eine neuartige Veranstaltung habe ich erstmals am Pfingstmontag 1995 im Park organisiert: als "Dankeschön" lud ich die Spender, die dazubeitrugen, daß die von mir Ende 1994 ins Leben gerufene "Stiftung Edelhof Ricklingen" einen guten Start hatte und bereits manch

Gutes bewirken konnte, zu einer Matinee ein, bei der Reinhold Rüdiger Goethes "Reineke Fuchs" las. Saxophon-Musik umrahmte und ein Empfang beschloß die Veranstaltung, die vielleicht auch zu einer Tradition wird.

Bevor wir unseren Rundgang durch den Park fortsetzen, gehen wir noch einmal kurz auf die Veranda und betrachten die Steine, die dort in der Wand eingemauert sind. Diese hat meine Großtante Marie (im Dorf "Frau Generalin", bei uns in der Familie "die Queen" genannt) von ihren zahlreichen Weltreisen mitgebracht. Früher stand unter jedem Stein seine Herkunft; leider hat dies jemand übermalt, so daß ich anhand alter Fotos nur teilweise die Herkunftsbezeichnungen rekonstruieren konnte. Immerhin ist interessant, wenn wir lesen "Jerusalem", "Jaffa", "Katakomben", sogar "Sixtinische Kapelle". Diese Tante Marie (Frau von Georg v. Alten, der "nur" den Rang eines Generalmajors erreichte, weshalb sie im Ge-

Marie v. Alten im Erkerzimmer des Herrenhauses (1905)

gensatz zu ihrer Schwester, deren Mann Generalleutnant war, nicht den Titel "Frau Exzellenz" führen konnte, was sie Zeit ihres Lebens bedauerte) hat viel für die Verschönerung von Haus und Hof getan. Auf sie sind auch der Zwischenbau und der Erker zurückzuführen, darüber hinaus entstammen zahlreiche Details im Hause wie im Park ihrer Initiative - z. B. heute nicht mehr vorhandene Bildnisse an der Parkmauer und an Hauswänden, Steingrotten, ein künstlicher Brunnen, ein wohl nie benutzter, an eine alte Pappel angeketteter Nachen in der Beeke und was da dergleichen romantische Dinge mehr waren. In dem ihr zur Verfügung stehenden Garten zwischen den alten Obstbäumen und der Kuhweide, nach ihr "Tante Maries Garten" genannt, zog sie - oder wohl besser: ließ ziehen - ausgefallene Pflanzen, die sie von ihren Weltreisen mitgebracht hatte, um mit diesen dann in der "Hexenküche" (oberhalb des Seiteneingangs des Herrenhauses) zu experimentieren.

Über ihre Reisen schrieb sie Berichte, so ist ein Tagebuch ihrer Reise im Jahre 1910 ins Heilige Land erhalten, wo sie an der Einweihung der von Kaiser Wilhelm II. gestifteten Kirche auf dem Ölberg in Jerusalem teilnahm. Wenn es im Herbst in Ricklingen kalt wurde, fuhr sie nach Rom, um dort ein halbes Jahr zu leben. Dies machte sie 25 Jahre lang. Am Schluß ihres Lebens sagte sie jedoch: "Aber Rom kenne ich immer noch nicht". - Unter den zahlreichen Souvenirs von Tante Marie befand sich auch eine Flasche mit Jordan-Wasser. Bei der Taufe meiner Mutter sollte dieses besondere Wasser verwendet werden. Es handelte sich um eine Haustaufe, und so wurde das Wohnzimmer entsprechend hergerichtet, ein Tisch als Altar geschmückt, das Taufgeschirr hervorgeholt - alles kein Problem -, nur die alte Familienbibel war nicht auffindbar. Mein Großvater nahm daher in seiner praktischen Art ein großes Kochbuch und legte dieses auf den Hausaltar - und so wurde meine Mutter mit heiligem Jordanwasser und einem Kochbuch als Dekoration getauft!

Setzen wir nun unseren Spaziergang durch den Park fort, indem wir unter dem Lindenrondell hindurch- und um den zweiten Teil meines "Rosariums" herumgehen. Im Wiesengrund liegt ein Teich, den ich Anfang der achtziger Jahre ausheben ließ, und vor uns haben wir das sogenannte Puppenhaus; dies ist eine Laube, die meine Mutter zu einem ihrer Kindheitsgeburtstage geschenkt bekam und die für sie ebenso wie für uns als Kinder eine herrliche Spielstätte war.

Vergrabene Schätze

Allerdings habe ich auch eine nicht so erfreuliche Kindheitserinnerung im Zusammenhang mit dem Puppenhaus: Zu Ostern 1945 bekamen meine Schwester und ich von unserer Mutter einen danebenliegenden mit schönen Blumen bestückten Garten geschenkt. Wie groß war unsere Enttäuschung, als wir ein paar Tage später anstelle des Beetes ein tiefes Loch vorfanden. Des Rätsels Lösung: meine Mutter und ihre Schwester hatten hier eine Silberkiste vergraben; um das frisch umgegrabene Land erklären zu können, hatte man daraus eben unseren Ostergarten gemacht. Da die Angelegenheit aber doch zu unsicher war, mußte der Silberschatz gehoben und an anderer Stelle aufbewahrt werden.

Das Vergraben von Kisten mit wertvollem Hausrat war damals weit verbreitet. Viele haben ihre Schätze aber nicht wiedergefunden, da die Notizen, die sie sich über den Platz des Grabelochs gemacht hatten, unzureichend waren oder die Landschaft sich im Lauf der Zeit verändert hatte ("Am dritten Baum der zweiten Obstbaumreihe" - was macht man, wenn es diese Bäume nicht mehr gibt?) Ich weiß auch von einem alten Onkel, der Familiensilber im Keller seines Schlosses in Schlesien eingemauert hat, dorthin aber nicht wieder zurückkehren konnte, so daß er das Geheimnis des eingemauerten Schatzes mit ins Grab nahm. Wieviele derartige Schätze mögen also noch verborgen sein! - Einem Corpsbruder meines Vaters gelang es, daß die schwedische Staatsangehörigkeit seiner Familie, von der er nie Gebrauch gemacht hatte, anerkannt wurde, so daß er von den polnischen Behörden die Erlaubnis erhielt, auf seinem Gut in Pommern die von ihm bei Kriegsende vergrabene Kiste zu heben. In Anwesenheit von Vertretern der schwedischen Botschaft und polnischer offizieller Stellen grub man also und hievte die Kiste auch glücklich ans Tageslicht. Nur - o Schreck - als man sie öffnete, lag zu oberst der deutsche Wehrmachtspaß des "Schweden" - mit dem Erfolg, daß der gesamte Schatz von den Polen beschlagnahmt wurde und man dem Eigentümer nur ein kleines Silbertablett überließ.

Daß ein derartiges Vergraben von wertvollem Hausrat zum Schutz vor Räubereien in unruhigen Zeiten schon eine lange Tradition hat, zeigt folgende Geschichte, die Graf Wichard Harrach berichtet: 1940, als die deutsche Armee in Frankreich einrückte, schaufelte der französische Marquis de ... in aller Eile in einem abgelegenen Teil seines Parkes eine tiefe Grube, tat das zusammengepackte Silber hinein und pflanzte darüber einen Baum. Bald darauf nahm der Stab einer deutschen Vorausabteilung im Schloß Quartier. Ihr Kommandeur war einer derjenigen wohlerzogenen Offiziere, von denen man noch heute in Frankreich erzählt, sie hätten sich Zivil angezogen, bevor sie dem Schloßherrn ihren Besuch machten. Zur Stunde des nach wenigen Tagen erfolgenden Abmarsches bat der deutsche Kommandeur den Marquis zu sich, um sich zu verabschieden. Da sei übrigens noch eine Kleinigkeit, bemerkte er. Wie gewiß verständlich, habe er seinen Leuten befohlen, aus Gründen der Sicherheit alle Gebäude, Park und Garten sorgfältig zu durchsuchen. Dabei sei das Silber der Familie gefunden worden. Er wolle sich aber nicht der Räuberei bezichtigen lassen und habe daher das Silber im Speisesaal aufstellen lassen. Der überraschte Schloßherr rief Frau und Kinder herbei. Als sei es ihnen neu geschenkt, begrüßten sie das wertvolle Gerät. Plötzlich stellte die Marquise fest, daß dies ja gar nicht ihre Sachen seien. Da sei zwar ihr Wappen eingraviert, aber in einer ganz und gar anderen Manier, als sie es seit Jahrzehnten getan hätten! Es stimmte, es handelte sich nicht um das Silber, das sie erst vor wenigen Tagen vergraben hatten. Es war vielmehr das der Vorfahren, das diese während der französischen Revolution vor ihren eigenen Landsleuten versteckt haben mußten. Die damaligen Besitzer hatten offensichtlich die Schreckensherrschaft nicht überlebt. Als aber der Familie später Haus und Hof zurückerstattet wurden, wußten die neuen alten Herren nichts von dem verborgenen Schatz. Erst durch die nicht erbetene Hilfe deutscher Soldaten erhielten sie ihn nun zurück.

In Deutschland entwickelte man in den Jahren nach dem Zweiten Weltkrieg einen besonderen Einfallsreichtum, um wertvollen Hausrat aus der sowjetischen Besatzungszone und späteren DDR, wo man Haus und Hof hatte verlassen müssen, in den Westen zu holen. Unser aus Thüringen stammender "Vetter Fritz", der lange Jahre nach dem Kriege im Gutshaus des Edelhofs wohnte, sandte jede Woche mindestens ein Paket schmutziger Wäsche "nach drüben" an seine Mutter; diese versteckte unter den zurückgesandten gewaschenen Sachen jeweils ein Stück Silber, ein Bild, Schmuck o.ä. Zwar gingen einige Dinge verloren, doch nach und nach füllte sich das kleine Zimmer von Vetter Fritz, so daß er sein später neu errichtetes Haus gut mit Dingen aus seiner thüringischen Heimat ausstatten konnte.

Eine andere Idee hatte meine Tante Elisabeth: bevor sie in ihre Heimat Sachsen fuhr, behängte sie sich von oben bis unten mit wertlosem Kaufhaus-Tand und erklärte den östlichen Grenzbeamten, daß sie nie ohne ihren Schmuck verreise und darum bäte, ihr eine Einfuhr-Bescheinigung zu erteilen, damit sie die Pretiosen später ohne Schwierigkeiten wieder ausführen könne. Die Grenzbeamten erfüllten der wunderlichen alten Dame den Wunsch, diese tauschte den Talmi-Schmuck auf ihrem sächsischen Gut gegen den dort versteckten wertvollen Familienschmuck aus und konnte diesen dann aufgrund der ausgestellten Bescheinigung problemlos über die Grenze in den Westen bringen.

Weitere Kindheitserinnerungen

Wenige Jahre nach dem Ostergeschenk unserer Mutter, das sich als vorübergehendes Versteck für eine Silberkiste erwies, - es muß so 1947 oder 1948 gewesen sein, jedenfalls gab es noch Lebensmittel-Bezugsmarken - spielten wir in großer Kinderschar die Hochzeit meiner Schwester Renate mit einem Jungen aus dem Dorf. Die Eltern hatten die begehrten Bezugsmarken gespendet, so daß im Puppenhaus ein großes Kuchenbüfett aufgebaut werden konnte. Alle hatten sich dem Anlaß gemäß angezogen, die Braut in weiß, der Bräutigam entsprechend, die Gäste festlich, ich als Pastor im Talar. So zogen wir gemessenen Gangs zur Goethe-/Steinbank, ich stieg auf diese und hielt mit wohlgesetzten Worten eine Ansprache und traute das Paar feierlich. Nach dieser Zeremonie ging der lange Festzug wieder würdevoll-langsam zurück Richtung Puppenhaus. Es mag so auf halber Strecke gewesen sein, als plötzlich jemandem oder allen zusammen einfiel, daß im Puppenhaus ja die köstlichsten Dinge unserer harrten und "aus war es mit der Pietät". Wie von der Tarantel gestochen, stürmten plötzlich alle durcheinander, jegliche Feierlichkeit war vergessen - Hauptsache, man war als erster im Puppenhaus! Man kann sich das Lachen der Eltern, die sich in den Büschen versteckt hatten, um den Hochzeitszug zu beobachten, vorstellen.

Mit dem Puppenhaus verbinde ich auch ein Erziehungserlebnis, das mich nachhaltig beeindruckt hat. Ich hatte beim Spielen Zeit und Stunde völlig vergessen und damit natürlich auch, daß mein Großvater mich für 17.00 Uhr - nicht gerade zum Tee, aber vielleicht Kakao - bestellt hatte; meine Großmutter war verreist. Als mir diese Einladung einfiel, war es natürlich viel später; na, mich erwartete eine lange Standpauke über die Pflicht zur Pünktlichkeit und wie wichtig diese im Leben sei. Ich glaube, davon ist einiges hängengeblieben. Übrigens hatten die Großeltern Prinzipien, die heute zum Teil wieder sehr modern sind - so zum Beispiel das drastische Energiesparen: wehe, der Wasserhahn lief zu lange oder eine elektrische Birne zu viel war eingeschaltet! Natürlich konnten ihre Vorstellungen meistens nicht die Zeit verleugnen, in denen sie selbst erziehungsmäßig geprägt wurden: lange Hosen anstelle von Röcken fanden sie auch in den fünfziger Jahren für eine junge Dame wie meine Schwester unpassend. Sparsamkeit war eine selbstverständliche Pflicht; so wurde eine "Droschke" nur dann genommen, wenn es gar nicht zu umgehen war. Die Weihnachtsgeschenke mußten vorsichtig ausgepackt werden, damit das Papier nicht beschädigt und zum Wiedergebrauch geplättet werden konnte. Sekt (nicht etwa Champagner, den gab es sowieso schon lange nicht mehr) wurde nur bei ganz besonderen Anlässen und dann aus Gläsern getrunken, die zwar sehr edel waren, aber, was ihr Fassungsvermögen anbelangte, an bessere Reagenzgläser erinnerten.

Die traditionellen Benimmregeln, die unsere Großeltern uns mitgaben, waren manchmal nicht ganz einfach einzuhalten, haben uns aber später sicher viel geholfen. Zu Weihnachten wurde eine große Ausnahme gestattet - allerdings unter Zusammendrücken beider Augen und nachdem unsere Mutter es jedesmal wieder erkämpfen mußte: wenn wir bei den Großeltern zum Gänseessen eingeladen waren, durften wir die Keulen mit den Händen anfassen! A propos Weihnachtsessen: Gänsebraten war natürlich etwas ganz Exquisites, ansonsten ging es speziell in den Nachkriegsjahren sehr spartanisch zu - eine besondere Delikatesse war eine Dose Ölsardinen zum Heilig Abend! Zur Erinnerung hieran stellen wir noch heute auf den weihnachtlichen Eßtisch eine entsprechende Dose, die allerdings angesichts der verlok-

kenderen anderen Köstlichkeiten nur noch symbolischen Charakter hat. -
Zurück zu unserem Großvater: so sehr wir ihn ansonsten liebten und verehrten, hatte er für uns Kinder eine lästige Angewohnheit: jedesmal wenn er
uns sah, rief er uns herbei und hatte immer etwas zu tun, und wenn es ums
Papieraufheben auf dem Hof ging. Wenn ich am Haus der Großeltern vorbeikam, um zu Freunden ins Dorf zu gehen, mußte ich häufig wieder um-
kehren, denn Opa rief hinter mir her. Als Abwehr habe ich mir dann eine
ganz besondere Stelle an der Mauer zum Jütegarten festgelegt - ich weiß sie
heute noch - von der ab ich meinte, mit Fug und Recht behaupten zu können,
daß man dort den Ruf eines Großvaters nicht mehr hören könnte. Ich war
häufig froh, wenn ich diese Stelle erreicht hatte!

Im Jahre 1994 habe ich begonnen, die Wand neben dem Puppenhaus als
"Gedenkwand" für Angehörige meiner Generation, die mit dem Edelhof
besonders verbunden waren, einzurichten. Detlef Gimmler, Steinmetz und
Bildhauer aus Ricklingen, der bereits die Altenschen Wappen an der Parkmauer und in der Kapelle, den Osten-Gedenkstein vor der Kapelle, die
Tafel an der Mauer neben Edelhof 2 sowie die Helmzier-Zeichen in den
Sandsteinpfosten am Eingangsbereich und kürzlich den Sockel für die
alte Glocke in der Edelhofkapelle geschaffen hat, fertigte auch diese
Wappentafel und die Tafel für meine Schwester Renate. Der darauf ange-
brachte Spruch von Bonhoeffer war der Predigttext bei ihrer Trauerfeier,
den sie neben ihrem Krankenbett aufbewahrt hatte und über den sie sich
noch kurz vor ihrem Tod mit ihrer Tochter Beaty unterhielt:

Von guten Mächten wunderbar geborgen,
erwarten wir getrost, was kommen mag.
Gott ist mit uns am Abend und am Morgen
und ganz gewiß an jedem neuen Tag.

Tiergeschichten

Wir gehen nun weiter auf dem Kiesweg entlang unter den Amerikanischen Eichen Richtung "Sinke", die rechts vom "Nickelmannsteich" begrenzt wird, an dessen linker Seite sich früher die Hundegrabanlage befand. Den diesen Platz schmückenden großen Sandsteintrog haben wir 1993 auf den Hof geholt und vor dem Gutshaus aufgestellt. Neben anderen liegt hier Arko, ein Hund meiner Großeltern, begraben. Als diese nach dem Ersten Weltkrieg von Oldenburg nach Ricklingen umzogen, wurde Arko natürlich mitgenommen, er aber lief - und fand - die gesamte Strecke in seine alte Heimat Oldenburg zurück! Von einem anderen Arko erzählte mein Vater folgendes: Dieser Schäferhund lag auf dem Hof an einer Kette - wehe, es näherten sich Unbefugte in deren Reichweite. Die große Hühnerschar war natürlich unbefugt, wußte dies und hielt dementsprechend respektvollen Abstand - bis auf eins, das verwunderlicherweise sich ungestört in der Bannmeile aufhalten konnte. Des Rätsels Lösung? Das Huhn mußte mit Arko einen Friedenspakt geschlossen haben. Jedenfalls verschwand es tagtäglich einmal in der Hütte von Arko und kam gackernd wieder heraus. Arko trollte sich dann in seine Hütte und erschien wenig später wieder draußen, und zwar mit einer gelben Nase! Der Pakt Ei gegen Frieden soll lange Zeit Bestand gehabt haben!

Eine uns als Kinder besonders aufregende Geschichte ist die von Ita und Barbara. Dies waren unsere beiden Hühner, die wir kurz nach dem Kriege hielten. Ita war eine bunte Italienerin - daher ihr Name - und Barbara eine dicke braune Rodeländerin. Das Besondere an den beiden war nun, daß sie sich von Herzen zugetan waren, ja wohl liebten. Tags wie nachts konnten sie nicht voneinander lassen; wo die eine sich aufhielt, befand sich auch die andere. Besonders beeindruckend war dies, als Barbara, damit sie nicht "gluckte", zusammen mit Kaninchen in ein Drahtgestell - genannt "Bauer" - gesperrt wurde. Die nicht ihrer Freiheit beraubte Ita nutzte diese nicht etwa aus, sondern schmiegte sich gegen den Bauer an ihre Partnerin, die von innen dasselbe tat. Beide waren also nur durch den Maschendraht getrennt. Ita und Barbara, die Unzertrennlichen - es war schon sehr verwunderlich. Dann allerdings geschah eines Tages eine Katastrophe: Barbara wurde von einem Hund gerissen; ich sehe noch Ita gramgebeugt auf den Überresten ihrer geliebten Freundin - ein paar Knochen und Federn - hocken; tagelang lief sie nur noch gebeugten Kopfes herum; tieftraurige Tage waren es für sie wie für uns, die wir das Leid Itas beobachteten. Eines Mittags kam ich von der Schule nach Hause und entdeckte zu meiner großen Überraschung Ita in der großen Halle unseres Hauses auf der Brüstung der Galerie in Höhe der ersten Etage sitzen. Ich lief zu meiner Mutter: Wieso ist Ita in der Halle - auf der Galerie - wieso? Wir gingen hinaus, um nachzusehen - und was war in der Zwischenzeit geschehen? Ita lag tot in der Halle, sie hatte sich herabgestürzt: die Trauer um ihre Barbara hatte sie zur Selbstmörderin werden lassen! Wir haben dann Ita zusammen mit den Überresten ihrer Barbara ein feierliches Begräbnis zuteil werden lassen.

Zu welch seltsamen Aktionen Tiere fähig sind, konnten wir auch am Begräbnistag meines Vaters sehen. Dieser besaß mehrere Nonnengänse, an denen er besonders hing und die er daher hegte und pflegte. Als der Trauerzug durch das Parktor schritt, hatten sich diese Gänse wie die Zinnsoldaten exakt in Reih und Glied aufgestellt und entboten auf diese Weise den Trauernden ihren Gruß. - Ähnlich eigentümlich-anrührend die Geschichte von Tante Lenes Beerdigung. Diese war ganz besonders tierlieb gewesen, man kann sagen, die Tiere waren der Inhalt ihres Lebens. Als der Pastor anhob, die Abschiedsworte am Grabe zu sprechen und hierzu die Bibel in die Hand nahm, setzte sich ein Vogel auf das Buch und blieb dort genau bis zum "Amen" sitzen, um sich dann zwitschernd in die Höhe zu erheben. Ein freudiger, aber doch etwas unheimlicher Schauer berührte die anwesenden Trauergäste.

Auch sei von meinen Hühnern berichtet, die ich aus einer "Eierfabrik" erwarb, um aus ihnen nun in der Freiheit herumlaufende "glückliche Hühner" zu machen. Die verhärmt aussehenden Hennen konnten allerdings anfänglich mit ihrem neuen Leben gar nicht fertig werden; wozu eine Hühnerstange da ist, war ihnen überhaupt nicht klar, eine Schwelle in der Tür zum Hühnerhof zu überspringen, stellte eine Unmöglichkeit dar. Aber: von Tag zu Tag sahen die Hühner besser aus und erlernten instinktiv alles, was ein normales Huhn wissen und können muß. Als eines Morgens allerdings Schnee lag, beobachtete ich, wie ein Huhn den Kopf zur

Ausgangsluke hinaussteckte, die unbekannte weiße Landschaft verwundert zur Kenntnis nahm, zögerte und sich dann kopfschüttelnd wieder in den Stall zurückzog.

Zu diesen Geschichten gehört auch die von den drei Ferkeln, die wir als Freunde von Jürgen Piquardt diesem zu seinem 40. Geburtstag schenkten. Eins von ihnen hatte leider den Transport nicht überlebt, so daß wir ein neues besorgten, das die anderen jedoch erheblich malträtierten, da sie es im wahrsten Sinne des Wortes "nicht riechen" konnten. Wir lösten das Problem, indem wir alle drei mit einigen Spritzern aus Heike Piquardts Chanel No. 5-Parfum-Flacon bestäubten: der Friede war hergestellt. Da sie sich alle drei in dem Auslauf, den wir ihnen hergerichtet hatten - es sollten ja glückliche Schweine sein - einen starken Sonnenbrand geholt hatten (sie sahen wie am lebendigen Leibe geröstet aus), wurden sie tagtäglich mehrfach mit einer Gießkanne begossen, was wohl auch nicht vielen Schweinen widerfährt. Von den drei Ferkeln - genannt Brille, Hose und Willy - war letzterer besonders schlau und witzig. Wenn abends die Tiere vom Edelhof in ihr nächtliches Quartier im Großkopfschen Stall gebracht werden sollten, raste Willy jedesmal die Beekestraße entlang und stoppte erst am Deichtor, die Kinder, die johlend hinter ihm herliefen, erwartend. Gemächlich trottete er dann in Begleitung der Kinder zurück. - Aus den Ferkeln entwickelten sich im Lauf des Sommers prächtige Schweine, so daß ihr Lebensziel sich näherte; dem Tag der Schlachtung sahen allerdings nicht wenige von uns etwas wehmütig entgegen. Die Kinder durften hiervon gar nichts erfahren, so daß die zum Schlachtefest eingeladenen Nachbarn einen Hinweis an der Piquardtschen Haustür vorfanden: "Über alles reden, nur nicht über Schweine!"

Weiter durch den Park

Ungefähr in der Mitte der Sinke befinden sich an ihrer südlichen Böschung Überreste einer Steingrotte, in der man Tee zu nehmen pflegte. Sie hieß "Hindenburg-Grotte", da auch dieser in ihr als Besucher weilte. Vor der Sinke steht hier unter einer großen alten Eiche die sog. Steinbank, auch "Goethe-Bank" genannt. Es ist anzunehmen, daß dieser Name nicht von einem Besuch des Weimarers herrührt, sondern daher, daß über ihr früher eine Holztafel mit folgendem Goethe-Spruch hing: "Manches Herrliche der Welt ist durch Streit und Krieg zerronnen, wer beschützet und erhält, hat das schönste Los gewonnen". Diesen Spruch ließ ich 1975 auch von Detlef Gimmler in eine Steintafel hauen, die sich heute im Rosarium am Anfang des Parkes befindet. Von der Steinbank aus hat man einen schönen Blick über die Hofwiese auf das Große Haus. Besonders beeindruckend ist dieser im Herbst, wenn sich die Esche vor dem gelben Herrenhaus golden färbt. Auch auf die übrigen Parkbäume hat man von hier aus eine gute Sicht, ebenso wie auf die große Apfelplantage rechter Hand, die mein Vater Anfang der fünfziger Jahre hier anlegte. Sie paßt zwar stilistisch nicht in einen Landschaftsgarten, zumal sie zwei typische Baumrondells verdeckt, ist jedoch im Frühjahr bei voller Blütenpracht dennoch sehenswert, und außerdem sind ihre ökologisch bewußt ungespritzten Äpfel, die auch zu vorzüglichem Most verarbeitet werden, sehr begehrt.

Wenn man diesen Blick auf den Park genießt, kann man die Geschichte vom mißlungenen Aprilscherz verstehen: Man wollte vor Jahren meinen Großvater in den April schicken, indem man ihn über angebliche Ölfunde unter dem Parkgelände informierte. Anstelle der erwarteten Reaktion, nämlich Freude über nun sich einstellenden Reichtum, rief mein Großvater nur: "Schnell, schnell, macht die Bohrlöcher wieder zu, ich will keine Fördertürme in meinem Park!"

Wir gehen dann weiter zum östlichen Rand der Sinke und blicken hier auf den Teich, der "die Halbinsel" genannt wird. Dahinter liegt der "Urwald", in dem sich früher auch parkartige Wege befanden, der aber bereits in unserer Kinderzeit verwildert war, so daß wir ihm zurecht diesen Namen gaben. Hat man die Sinke durchschritten, erhebt sich vor einem die prächtige "Mutters Eiche". Ihr Name ist auf unsere Ururgroßmutter zurückzuführen, die darum bat, daß dieser Baum erhalten bleiben möge, als der früher hier befindliche Eichenwald geschlagen wurde. Sie ließ dort eine Bank aufstellen, um auf ihr sitzend den Sonnenuntergang genießen zu können.

In dem am Rande dieser Wiese stehenden Gebäude befinden sich eine insbesondere wegen ihres schönen Freigeländes viel besuchte Sauna und eine Gaststätte, die vor allem für Feiern aller Art gern genutzt wird. Es handelt sich um das ehemalige Gesundheitshaus des Kneipp-Vereins Hannover, dem diese Wiese sowie der südliche Teil der Hofwiese seit Anfang der fünfziger Jahre verpachtet ist. Der Grund für diese Verpachtung ist nicht zuletzt darin zu sehen, daß man hiermit der Öffentlichkeit einen gewissen Zugang zu diesem attraktiven und stadtnah gelegenen

Winter an der Beeke

Gelände verschaffen wollte. Südlich hiervon befindet sich auf einer Wiese, die bis Ende der vierziger Jahre Teil des Edelhofs war, das Ricklinger - früher Aegir- - Bad, wohl das am schönsten gelegene Freibad Hannovers.

Durch den Wald Richtung Hemmingen

Wir betreten nun das zum Edelhof gehörende Holz, das aus verschiedenen - zum Glück noch gesunden - heimischen Laubbäumen besteht. Ende der siebziger Jahre war allerdings auch dieser Wald vom Ulmensterben betroffen, so daß ich zahlreiche Ulmen schlagen lassen mußte. Ich habe damals eine Nachpflanzung vorgenommen, ansonsten wird der Wald aber bewußt weitgehend sich selbst überlassen; aufgrund der relativ guten Bodenverhältnisse regeneriert er sich aus eigenen Kräften. Sehenswert ist hier im Frühjahr die Bodenflora: bunte Frühlingsblumen bilden einen dichten bezaubernden Teppich.

Wir wandern durch den Wald in südlicher Richtung, überqueren die Beeke-Brücke und passieren die Reste eines kleinen Pappelwäldchens, das mein Großvater Anfang dieses Jahrhunderts anlegte und dessen meisten Bäume im Winter 1946 in einer nächtlichen Blitzaktion von Ricklinger Bürgern geschlagen wurden, nachdem angeblich zuvor im Dorf die Parole ausgegeben wurde: "Der Baron hat den Wald freigegeben!". Wir gehen dann unter dem Südschnellweg hindurch, der 1953 im Rahmen des Hannover umgebenden Tangentensystems angelegt wurde. Wir befinden uns in einer durch die Wasserflächen der Kiesteiche geprägten reizvollen Landschaft, die einen kaum glauben läßt, daß es sich hier immer noch um hannoversches Stadtgebiet handelt. Insbesondere auch in dieser Gegend wurde vor allem im letzten Jahrhundert Ton abgebaut, der in mehreren Ricklinger Ziegeleien zu Dachpfannen und Backsteinen verarbeitet wurde. Das bekannteste dieser Werke war wohl die Stammesche Ziegelei an der Stammestraße, wo noch bis in die zweite Hälfte dieses Jahrhunderts zahlreiche der typischen langgestreckten Trocknungshallen zu sehen waren. Der Ziegeleibesitzer Heinrich Stamme wurde ein reicher Mann; 1889 ließ er in der Langensalzastraße sein Wohnhaus bauen, dessen erhaltene Innenausstattung noch heute besondere Beachtung verdient. Um Ricklingen hat er sich insofern verdient gemacht, als er die Friedhofskapelle auf dem Michaelisfriedhof stiftete.

Die Stammestraße (um 1900)

Ricklingen.   Stamm'sche Ziegelei.

Vor uns liegt die Flur "Im Meister-Winkel", mit der sich mehr oder minder unheimliche Sagengeschichten verbinden, die wohl daher rühren, daß sich hier der Verbindungsweg zwischen Hemmingen und Ricklingen befand, den in seiner Abgelegenheit bei Dunkelheit zu begehen sicherlich manchem nicht ganz geheuer war. Nachzulesen sind diese Spukgeschichten unter anderem im "Niedersächsischen Sagenborn". So soll sich hier einmal vor einem Soldaten, der, von Wilkenburg kommend, nach Hannover in die Garnison zurückkehren wollte, plötzlich die Erde geöffnet haben, und eine riesengroße Gestalt, gar schrecklich anzusehen, stieg daraus empor. Eine Weile blieb sie stehen, dann fiel sie auf ihre Füße und trabte auf den benachbarten Wald zu. Dicht vor dem Holz richtete sich

Die "Ricklinger Seenplatte"

das Ungetüm wieder in die Höhe, und es wurden aus ihm zwei gleich fürchterliche Gestalten, die im Walde verschwanden. Dem vor Angst zitternden Soldaten haben sie aber nichts anhaben können, weil er laut ein Vaterunser nach dem anderen gebetet hatte. Ein andermal sah ein Schäfer aus Ricklingen, der hier spät abends entlangging, plötzlich einen dreibeinigen Hasen vor sich her tanzen. Er wollte seinen Hund auf den vermeintlichen Hasen hetzen, dieser aber zog den Schwanz ein und kroch leise heulend zwischen seines Herrn Beine. Da warf der Schäfer mit einem Knüppel nach dem Hasen und traf ihn auch. Daraufhin verwandelte sich der Hase in einen großen Reifen, der in tausendfarbigem Licht erglänzte und dann spurlos verschwand.

74

Kurz vor der Grenze nach Hemmingen befindet sich eine mit Wasser gefüllte Erdspalte, die sog. "Teufelskuhle", mit der es folgende Bewandtnis haben soll: Als vor langer Zeit die Leute ringsherum noch Heiden waren und nichts vom lieben Gott wußten, kam ein frommer Mann in die Gegend und erbaute hier eine Kapelle, um durch seine Predigten die Ricklinger zum Glauben an Jesus Christus zu bringen. Nun lebten in Ricklingen auch zwei Brüder; der Jüngere hörte aufmerksam den Reden des Mönches zu, der Ältere aber lachte darüber. Nach einiger Zeit ließ sich der jüngere Bruder taufen. Als das der Ältere hörte, war er zornig über den alten Einsiedler. Der Teufel fuhr in ihn und trieb ihn zur Rache. Eines Abends, als der fromme Mann in seinem Kirchlein die Glocke läutete, um die Gläubigen zum Gebet zu rufen, schlich sich der ältere Bruder herein und erschlug den Wehrlosen mit der Streitaxt. Gleich darauf geschah ein heftiger Donnerschlag. Die Erde erbebte, und die Kirche versank im Boden. Die Erdspalte füllte sich mit Wasser und schloß sich über dem Grabe des frommen Mönches und seines Mörders. Wenn man zu mitternächtlicher Zeit - insbesondere bei Vollmond - hier vorbeigeht und stets hübsch brav gewesen ist, soll man aus der Tiefe ein leises Klingeln hören können: dies ist die Glocke des Einsiedlers.

Am Ufer der Teufelskuhle stand bis zum Ende des vorigen Jahrhunderts die "Hexen-Eiche". Auf ihr sammelten sich in der Walpurgisnacht, also der Nacht zum 1. Mai, die Ricklinger Hexen, um von hier aus, auf ihren Besen reitend, zur Walpurgisfeier auf den Brocken zu fliegen. Mein Ururgroßvater Friedrich Curd hat unter dem Pseudonym "Ritter von der Mauseburg" in einer hübschen Erzählung "Die Hexen-Eiche - eine Teufels- und Brandgeschichte" diese sagenhaften Vorgänge festgehalten und melancholisch-beeindruckend die letzten Stunden der Hexen-Eiche beschrieben, als diese durch Feuer, das Jugendliche gelegt hatten, zerstört wurde. Es heißt hier zum Schluß: "Lange trotzte die sagenumwobene Eiche dem tückischen Elemente - da begann ein ängstliches Stöhnen, ein Brausen, als ob der Sturm in den Ästen wühle - noch einmal tönte ein dumpfer, mächtiger Knall - das Haupt beugte sich und stürzte von der Höhe mit Donnergekrach - daß Kies und Funken stoben! Großartig wie er selbst ging der Riese unter, wie ein Held - sein eigener Scheiterhaufen! Dem Ritter aber stand das Wasser in den Augen - still schlich er nach der alten grauen Mauseburg."

Zurück durch die Kornhast

Wir überschreiten nun nicht die Grenze nach Hemmingen - ich erinnere noch einen alten Grenzstein, der aber wohl gestohlen worden ist -, sondern wenden uns in westliche Richtung zur "Kornhast", der großteils zum Edelhof gehörenden Kleingartenanlage. Die Pächter des kleinen Hauses neben der Südtangenten-Unterführung zur Straße "An der Bauerwiese" können von einem Glück im Unglück erzählen: Kurz bevor sie eines Nachts von einer Feier nach Hause kamen, war ein betrunkener Autofahrer mit hoher Geschwindigkeit vom Südschnellweg abgekommen, durch die erste Etage ihres Häuschen gerast, hatte die dort befindlichen Ehebetten mitgenommen und war dann auf dem Dach liegend zum Stehen gekommen. Dem Fahrer war nichts passiert - er mußte seinen Heimweg allerdings schwankenderweise zu Fuß fortsetzen. In dieser Nacht sind wohl gleich mehrere Schutzengel unterwegs gewesen.

An der Beeke (um 1900). Im Hintergrund die Schornsteine der Stamme'schen Ziegelei und der Turm der Michaeliskirche

Wie es die Regel von der Duplizität der Fälle so will: ein paar Tage nach dieser Geschichte mit dem die Ehebetten durchrasenden Autofahrer erlebte eine alte Frau in ihrem Kleingarten an der Südtangente, wie ein schweres Bundeswehrfahrzeug von der Schnellstraße abkam, den Abhang hinuntersauste, das Gartenhäuschen der alten Frau zermalmte, dann aber kurz vor ihr zum Stehen kam. Es war "weiter nichts passiert"; den Schreck aller Beteiligten kann man sich jedoch vorstellen.

Wir gehen nun erneut über die Beeke, die heute zwar immer noch nicht wieder das glasklare Wasser der früheren Jahre hat; wir sind jedoch froh, daß sie nicht mehr die stinkende Kloake ist, die sie jahrelang war. Auch über die Renaturierung ihrer Ufer freuen wir uns: Nachdem diese lange Zeit mit Kunststoffbändern eingeschalt waren, kann die Beeke sich nun wie ehemals ihren natürlichen Lauf suchen. Ich gehe auch davon aus, daß sich der Eisvogel heute seine Brutlöcher in den steilen Ufern wieder selbst bohrt; zwischenzeitlich mußten wir dies künstlich unterstützen, indem mit Hilfe der Vogelschutzjugend eine Eisvogelwand gebaut wurde. Die brütenden Vögel insbesondere in diesem Bereich des Beeke-Ufers zu schützen, ist schwierig, da trotz mancher Versuche, den Uferweg etwas zu verlegen, Fußgänger immer wieder sich ihre Bahn brechen. In dieser Hinsicht kann auch der alte Wesemeyer (geb. 1908), der seit 1945 ein Häuschen im Wald bewohnt, nicht helfen. Er ist total mit dem Wald verwachsen, sozusagen ein Teil von diesem. Da er alle unliebsamen Vorkommnisse meldet, ist er natürlich sehr nützlich. Eine ähnliche Funktion - wenn auch örtlich wie sachlich darüber hinausgehend - übt übrigens auch der "Feld- und Waldhüter" Riefenstahl aus, der dieses ihm offiziell übertragene Ehrenamt als Hobby ausübt. Seine freie Zeit verbringt er damit, durch Feld und Flur zu streifen, um zu sehen, ob alles seine Ordnung hat. Mit dem Amt sind gewisse hoheitliche Funktionen verbunden, über deren gesetzliche Grundlagen Herr Riefenstahl in bewundernswerter Weise Bescheid weiß.

Neben dem Grundstück Wesemeyer, an der Ecke des Waldes, befindet sich die "Helden-Gedenkstätte"; das Gelände hierzu hat mein Großvater zur Erinnerung an die Toten des Ersten Weltkrieges gestiftet. Später kam ein Mahnmal für die Opfer des Zweiten Weltkrieges hinzu. Außerdem wurde der Gedenkstein für die Kriege 1866 und 1870/71 von der Michaeliskirche hierher versetzt.

Das Herrenhaus des Edelhofs

Das Gefälle der Beeke in diesem Bereich veranlaßte 1874 den Ricklinger Vollmeier Cord Klusmann zum Bau einer Wassermühle. Er wollte mit dem hier gemahlenen Mehl eine Großbäckerei für Hannover aufziehen; die Mühle bestand aber nur sechs Jahre. 1887 kaufte sie Arnold Frommeyer und baute sie zu einer modernen Lederzurichterei und Treibriemenfabrik aus, an die nach dem 1967 erfolgten Abbruch heute nur noch einige Steinreste erinnern.

An der Ecke der Mauer des Michaelis-Friedhofes befindet sich ein kleines Häuschen mit einer zugemauerten Tür. Hierbei handelt es sich um die ehemalige Selbstmörder-Kapelle. Früher durften Menschen, die sich selbst das Leben genommen hatten, nicht in der Friedhofskapelle ausgesegnet werden; sie wurden also hier aufgebahrt und dann an der Mauer außerhalb des Friedhofes verscharrt.

Auf dem Friedhof

Wir betreten nun den Friedhof, bei dem es sich - im Gegensatz zum Ricklinger Stadtfriedhof - um den ehemaligen Dorf- und späteren Michaelis-Friedhof handelt. Im Zuge der Verkoppelung der Ricklinger Ländereien wurde dieser Friedhof durch Aussonderung des benötigten Geländes geschaffen. Hierfür erhielten Gut und Bauernhöfe "auf ewige Zeiten" Nutzungsrechte an sogenannten Hofstellen-Gräbern. Daß diese Ewigkeit seitens der Evangelischen Landeskirche in den 60er Jahren unseres Jahrhunderts einseitig aufgekündigt wurde, steht auf einem anderen Blatt und soll hier nicht näher erläutert werden.

In alter - allerdings nicht mehr belegbarer - Zeit werden die Ricklinger Toten an der Edelhofkapelle bestattet worden sein; noch Anfang der 70er Jahre konnten wir städtische Kanalisationsarbeiter beruhigen, daß es sich bei dem von ihnen dort gefundenen Schädel nicht um den eines verscharrten Ermordeten - wie sie vermuteten - handelte, sondern eben um den Inhalt einer alten Grabstätte. Später mußten die Ricklinger ihre Toten "ins ferne

Linden bringen", nachdem zuvor die Aufbahrung und Totenfeier im Sterbe-
haus stattgefunden hatte. Seit 1856 können sie ihre Verstorbenen in hei-
matlicher Erde bestatten, was ein Grabstein bezeugt, auf dem es heißt
"Hier ruhet in Gott Wwe. D. Pape - gestorben am 6. und begraben am 10.
December 1856. Sie war die Erste, welche auf diesem Gottesacker ihre
Ruhestätte fand".

Der erste meiner Vorfahren, die auf der Ricklinger Altenschen Fami-
liengrabstelle beerdigt wurden, ist mein Ururgroßvater Friedrich Curd,
der - wie schon berichtet - 1854 Ricklingen von seinem Onkel, dem "alten
Hofrat", geerbt hatte und 1894 starb. Wir haben von ihm bereits einiges
gehört, es sei aber noch einmal darauf hingewiesen, daß er besonders
viel für den Edelhof, den er sich als sommerlichen Landsitz ausbaute,
getan hat. Seine Tochter Anna schrieb über ihn: "Vaters ganzes Trachten
war, das Gut zu vergrößern, das Haus zu verschönern. Er kaufte Land
an, und viele schöne alte Möbel. Truhen und Schränke geben Zeugnis
von seinem Sinn für gute alte Handwerksarbeit. Als Leiter des Oldenbur-

Ein Salon im Herrenhaus (um 1905)

ger Museums und des Altertumsvereins kam er viel im Oldenburger Land herum zu Ausgrabungen und Studien, da hatte er Gelegenheit, manches Stück zu kaufen. Vater war Sammelgeist, schon als Leutnant fing er an, altes japanisches Porzellan und Delfter Vasen zu kaufen. Altes Glas und alte geschliffene Glaspokale waren seine Freunde. Bei Familienfesten wurden die süßen Speisen von den schönen japanischen Tellern gegessen. Es war ein ganzer Stapel solcher herrlicher Teller da, auch runde Schüsseln und einige Schalen. Alles Gute und Schöne kam nach Ricklingen, alle Mittel wurden für dort verwendet. Mit dem Zuschuß für den Bruder, der noch von den Eltern abhängig war, haperte es manchmal, und Mutter hatte dann ihre liebe Not, aber uns war das alles so selbstverständlich und in Fleisch und Blut übergegangen, daß wir genauso dachten. Das Leben stand unter dem Zeichen *Alles für Ricklingen*, denn jeder liebte es ebenso wie Vater."

Friedrich Curd, der 1822 in Großgoltern geboren war, schlug zunächst die Offizierslaufbahn ein. Bis 1846 diente er als Husarenoffizier in der hannoverschen Armee. 1847 trat er als Kammerjunker in den oldenburgischen Hofdienst, in dem er in den folgenden Jahren von Stufe zu Stufe aufrückte, bis er 1869 Oberkammerherr wurde. 1877 verlieh ihm der Großherzog den Titel Exzellenz. Gleich zu Beginn seiner Tätigkeit in Oldenburg wurde Friedrich Curd die Verwaltung der Großherzoglichen Privatbibliothek übertragen, in der er erste Anregungen für seine schriftstellerischen Arbeiten erhielt. Daneben wurde er mit Ankäufen für die Gemäldegalerie sowie mit höfisch-diplomatischen Missionen ins Ausland betraut; 1866 warnte er König und Regierung in Hannover vergeblich vor dem Anschluß an Österreich. Seit 1862 gehörte er dem Vorstand der Großherzoglichen Kunst- und Wissenschaftlichen Sammlungen an, die er bis 1894 leitete und ausbaute. Von 1856 bis 1873 war er Vorsitzender des Kunstvereins, setzte sich maßgeblich für den Bau des Augusteums sowie des Museumsgebäudes am Damm ein und gehörte 1887 zu den Gründern des Kunstgewerbemuseums, in dessen Vorstand er ebenfalls eintrat. 1867 wurde er Mitglied der Literarischen Gesellschaft. Im selben Jahre reorganisierte er die großherzoglichen Sammlungen, vereinigte die bisher im Schloß aufbewahrte Altertümersammlung mit dem Naturalienkabinett und richtete eine völkerkundliche Abteilung ein. Seine weitgespannten Interessen und Arbeitsgebiete zeigen sich in seinen zahlreichen Veröffentlichungen, die sich um die drei Schwerpunkte Kunst, Landes-

sowie Vor- und Frühgeschichte gruppieren. Seit 1869 beschäftigte er sich eingehend mit den vorgeschichtlichen Überresten des Landes Oldenburg und führte umfassende Untersuchungen der zu Beginn des 19. Jahrhunderts entdeckten "Bohlenwege" durch. Aufgrund seiner Grabungen gehört er zu den Begründern der Deutschen Moorwegforschung. Wie das "Biographische Handbuch zur Geschichte des Landes Oldenburg" im Jahre 1992 schreibt, beruht Friedrich Curds Bedeutung jedoch nicht in erster Linie auf seinen Forschungen und Veröffentlichungen, sondern vor allem auf der Rolle, die er im kulturellen Leben Oldenburgs in der zweiten Hälfte des 19. Jahrhunderts spielte. Als Hofbeamter in der unmittelbaren Umgebung des Großherzogs und als Museumsleiter sicherte er sich eine Schlüsselposition und wirkte auf vielen Gebieten als Anreger und Initiator. Die 1970 aus Anlaß des einhundertjährigen Bestehens des Museums am Damm in Oldenburg gehaltene Laudatio auf Friedrich Curd gipfelte in den Worten "Oberkammerherr v. Alten: een nobeln Mann, een Aristokrat in sin best Bedüden, de sick üm dat Ollnborger Land verdeent maakt hett."

Die Treue zum angestammten Welfenhaus

Da Friedrich Curd hauptsächlich "im Ausland" - nämlich in Oldenburg - lebte, spielte beim Ricklinger Familienzweig der Altens die Welfenfrage nie die Rolle wie etwa bei den Verwandten in Hemmingen. Dieses Problem war 1866 entstanden, als die Preußen Hannover annektierten und die Welfen, eine der ältesten Dynastien Europas, des Landes verwiesen. Die besonders welfentreuen Hannoveraner, die ihre Opposition gegen die Preußen nicht offen zeigen durften, taten dieses auf ihre Weise: man gab seinem Hund den Namen des verhaßten preußischen Kanzlers Bismarck, damit man rufen konnte: "Hau ab du dummer Hund Bismarck!" Bäcker stellten Brötchen auf Salz in ihre Schaufenster, um die welfischen Farben gelb-weiß zu symbolisieren. Dasselbe wurde erreicht, indem jedes bessere Essen mit der "Welfenspeise" - einer durch Vanille und Weinschaum weiß und gelb geschichteten Creme - beendet wurde.

Friedrich Curd v. Alten in Husarenuniform (um 1840)

Diese Abneigung gegen die Preußen dauerte auch noch in diesem Jahrhundert an. So mußte das bei den welfentreuen Hannoveranern nie beliebte Bismarck-Denkmal auf den Maschwiesen zwar aus einsichtigen Gründen dem Maschsee weichen, es wurde aber auch nie an anderer Stelle wiederaufgestellt. - Welfische Kreise begrüßten das Ende Preußens und die Wiedererrichtung eines Landes Hannover nach dem Zweiten Weltkrieg. Es gab sogar Gruppen, die für eine Wiederherstellung des Königreichs Hannover - etwa unter einer Königin Margret Rose, der Schwester der damaligen Kronprinzessin Elisabeth - eintraten. Als Philipp v. Bismarck Ende der 60er Jahre (des 20., nicht etwa des 19. Jahrhunderts!) zum Präsidenten der hannoverschen Handelskammer gewählt wurde, gab es hiergegen nicht wenige Proteste, da ein Träger dieses Namens für den Repräsentanten einer hannoverschen Institution unpassend sei.

Der hannoversche Zweig meiner väterlichen Familie war ausgesprochen welfentreu, obwohl ja der größte Teil der Familie in Preußen lebte. Auf den Familientagen in Berlin durfte daher über alles, nur nicht über Politik gesprochen werden. Die Anhänglichkeit unseres hannoverschen Familienzweiges an das welfische Königshaus zeigte sich auch darin, daß ein großes Bild des letzten Königs von Hannover, des blinden Georg V., das dieser meinem Ur-Ur-Großvater geschenkt hatte, noch bis zum Zweiten Weltkrieg im ehemals Ostenschen Palais in Celle (heute Hotel Fürstenhof) in einem Saal hinter einem Vorhang verborgen aufgehängt war. Dieser wurde nur beiseite gezogen, wenn "besonderer Besuch" kam, der dann dem Bild seine Ehrerbietung zu erweisen hatte. So erzählt meine Mutter noch, daß sie als Kind bei einem Besuch mit ihrem Vater in Celle diese Zeremonie, bei der sie einen Knicks vor dem Königsbild zu machen hatte, erlebte. Sie ahnte damals nicht, daß sie einmal einen Angehörigen dieser welfentreuen Familie heiraten würde.

Das Bild von König Georg V. habe ich dann später geerbt und schon als Kind dem Direktor des Historischen Museums, Dr. Plath, verkauft. Dieser wußte nicht, daß sein "Verhandlungspartner" am Telefon ein 14jähriger Junge war. Das Bild hat dann einen würdigen Platz im Historischen Museum erhalten; das Schild am Rahmen, das die Widmung des Königs für meinen Vorfahren enthielt, ist allerdings abhanden gekommen. Ich habe mit dem Geld (viel war es nicht, obwohl ich Dr. Plath um 70 DM "hochhandelte") meine erste England-Reise finanziert.

Am Rande sei erwähnt, daß die geschilderten Ehrenbezeugungen auch von den Kindern der Altenschen Familie vor dem Denkmal des Grafen v. Alten am Waterlooplatz erwartet wurden. Noch in den Jugendzeiten meiner Mutter mußten angesichts des "Eisernen Onkels", wie der General in der Familie genannt wird, alle Cousinen einen Knicks, die jungen Vettern eine Verbeugung machen.

Die Nachkommen von Friedrich Curd

Friedrich Curd v. Alten war zweimal verheiratet, 1847 heiratete er Ida Schorcht (1823 - 1856). Nach ihrem frühen Tod in Marseille heiratete er 1857 Marie Freiin v. Gayl (1827 - 1908), die hier auf dem Michaelis-Friedhof neben ihm ruht. Aus der ersten Ehe von Friedrich Curd stammen vier Kinder, die alle auf dem Michaels-Friedhof ihre letzte Ruhestätte fanden:

Georg (1848 - 1904), preußischer Generalmajor, der hier mit seiner Frau Marie, geborene Freiin v. Diepenbroick-Grüter (1856 - 1942), begraben liegt. Von dieser Marie war schon die Rede (genannt "die Queen" bzw. "Frau Generalin").

Elisabeth (1850 - 1922), die den Major Victor v. Thümen auf Stangenhagen, Blankensee usw. heiratete.

Paul (1853 - 1907), verheiratet mit Martha Ziegler (1859 - 1914). Hier handelt es sich um meine Urgroßeltern, zwischen deren Gräbern kleine Grabsteine an ihre vier jung gestorbenen Kinder erinnern. Der fünfte, nicht mehr entzifferbare Kindergrabstein ist vermutlich für einen der beiden ebenfalls jung gestorbenen Söhne von Friedrich Curd und Marie geschaffen worden. Der Grabstein für Martha enthält übrigens einen Schreibfehler: es muß natürlich Martha heißen und nicht Mariha, der Balken über dem "t" wurde also vergessen. Paul ging in den Preußischen Forstdienst, studierte Forstwissenschaften an der Akademie in Eberswalde, an der er später auch als Assessor tätig war. 1886 wurde er Forstmeister und erhielt die Staatliche Oberförsterei Kupferhütte bei Lauterberg im Harz. Hier hat er sich um die Erforschung der sogenannten Einhornhöhle große Verdienste erworben. Sie wurde damals bei dem Dorfe Scharzfeld entdeckt und unter der Regie des Forstmeisters v. Alten erschlossen, weswegen ein Teil der Höhle nach ihm benannt wurde. Später erhielt er die Versetzung als Oberforstmeister nach Gumbinnen in Ostpreußen. Zu seinem Forstamt gehörte die große Rominter Heide mit dem kaiserlichen Hirschjagd-Revier. Als Paul 1904 Erbe von Ricklingen wurde, ließ er sich nach Hannover versetzen.

Viktor (1854 - 1917) wurde 1885 zum Landrat des Kreises Groß-Strehlitz in Oberschlesien ernannt. Er hat diese Stellung 32 Jahre innegehabt. An ihn, seine Frau und Nachkommen erinnern ebenfalls Grabmäler und Tafeln auf dem Michaelis-Friedhof.

Ein weiterer Sohn von Friedrich Curd - aus dessen zweiter Ehe - der auch auf dem Michaelis-Friedhof begraben liegt, ist Kurt (1864 - 1927), der 1910 zum Polizeipräsidenten von Magdeburg ernannt wurde. Dieser berufliche Erfolg basierte auf seiner außergewöhnlichen Klugheit und seinem Harmonie und Ruhe ausstrahlenden Wesen. Als Polizeipräsident erlebte er 1918 den Zusammenbruch des Deutschen Reiches und die Revolution sowie die verheerenden Auswirkungen dieser Geschehnisse. Sowohl seine Frau Eleonore ("Tante Lori") (1873 - 1952) wie seine beiden Söhne, nämlich Eberhard (1896 - 1916), der im Ersten Weltkrieg fiel und für den ein großes soldatisches Standbild errichtet wurde, und Konrad (1906 - 1963) liegen auf dem Michaelis-Friedhof.

Nicht unerwähnt bleiben soll der Gedenkstein für Anna (1867 - 1945), die als jüngste Tochter von Friedrich Curd und Marie in Oldenburg aufwuchs und ihre Eltern in den Sommermonaten alljährlich nach Ricklingen begleitete. Sie hat als Kind noch das ganz ländliche Ricklingen gekannt und wußte viel aus alten Zeiten zu erzählen. Nachdem ihre Mutter 1908 gestorben war, siedelte sie nach Ricklingen über und sorgte aufopfernd für ihre verwitwete Schwägerin Marie. Vom ersten Tage des 1914 ausbrechenden Weltkrieges an stellte sie sich dem Dienst im Roten Kreuz in Hannover zur Verfügung, versah den Bahnhofsdienst, organisierte die

Ausbildung von Schwesternhelferinnen, unterhielt einen ständigen Mittagstisch für bedürftige Kinder usw. Sie war der von allen geliebte gute Geist, der völlig selbstlos nur zu helfen trachtete. Nachdem ihre Schwägerin Marie 1942 in Ricklingen gestorben war, stellte sie sich der Verwundetenpflege zur Verfügung. 77jährig leitete sie in den letzten Monaten des Zweiten Weltkrieges die Isolierstation des Krankenhauses Bolkenhain in Schlesien und erlebte hier 1945 den Einbruch der Russen. Während ihre Angehörigen sehnsüchtig ihre Rückkehr nach Ricklingen erwarteten, starb sie auf dem Treck aus Schlesien am 21. 5. 1945 in Staffelstein/Oberfranken, wo sie auch begraben liegt. Da "Tante Anna" auch in der Ricklinger Bevölkerung besonders beliebt war - noch heute sprechen alte Leute in dankbarer Erinnerung über sie - wurde ihr auf dem Michaelis-Friedhof in den fünfziger Jahren ein Gedenkstein errichtet.

Als letzter der Altenschen Erbherrn auf Ricklingen liegt mein Großvater Hans Bruno (1886 - 1956, und zwar nicht wie auf dem Stein zu lesen 16.10., sondern 16.12.1956) auf dem Michaelis-Friedhof begraben. Hans Bruno wurde 1906 Leutnant im Oldenburger Dragoner Regiment Nr. 19 und 1907 nach dem Tod seines Vaters Fideikommißherr von Ricklingen. 1919 nahm er als Rittmeister den Abschied und erlernte die praktische Landwirtschaft. Mit großem Elan nahm er sein Gut in Ricklingen in Bewirtschaftung, verpachtete aber später die landwirtschaftlichen Flächen, als durch die zunehmende Ausdehnung der Stadt Hannover eine zentrale Bewirtschaftung nicht mehr möglich war. Ehrenamtlich war er insbesondere im Rahmen des "Stahlhelm-Bundes" tätig und nahm auch dessen erzwungene Übernahme in die "SA" in Kauf, da er hoffte, hier Schlimmes verhüten zu können. Nach der sogenannten "Reichskristallnacht" am 9. November 1938 erhob er sich bei einer Mitgliederversammlung, protestierte lautstark gegen die Juden-Pogrome und legte alle seine Stahlhelm- bzw. SA-Ämter nieder. Diese nicht geringe Zivilcourage war ihm später bei der sogenannten Entnazifizierung von großer Hilfe. Am Zweiten Weltkrieg nahm er als aktiver Offizier teil und geriet 1945 in amerikanische Kriegsgefangenschaft. Bei seiner Rückkehr nach Ricklingen fand er das Herrenhaus von den Engländern beschlagnahmt vor und bezog mit seiner Familie das Gärtnerhaus. Neben seiner Arbeit für Haus und Hof füllte er zahlreiche Ehrenämter aus. So wurde er 1949 Senior des Altenschen Familienverbandes. Als Rechtsritter des Johanniterordens begründete er die Johanniter-Hilfsgemeinschaft in Hannover, in deren

Rahmen er sich insbesondere um die Betreuung entlassener Kriegsgefangener, die Verschickung unterernährter Kinder nach Skandinavien sowie die Versorgung notleidender Familien in Mitteldeutschland mit Liebesgabesendungen kümmerte. Darüber hinaus war er Kirchenvorsteher in Ricklingen und Patronatsherr der Kirche in Grasdorf. Bei seinen Ehrenämtern, insbesondere bei den Aktivitäten im Rahmen der Johanniterhilfsgemeinschaft, stand ihm seine Frau Martha zur Seite, die ihn um 19 Jahre überlebte und 1975, von einem großen Kreis geliebt und verehrt, auf dem Edelhof starb. In ihren jungen Jahren war sie eine besonders beeindruckende Erscheinung; sie wurde "das Mädchen mit den Märchenaugen" genannt. Diese schönen Augen sind auf einem Portrait erhalten, das von ihr als junge Frau gemalt wurde, aber auch noch zu erkennen auf einem Foto, das an ihrem 90. Geburtstag aufgenommen wurde. Die Geschichte von einem Hofball in Gotha ist überliefert, bei der sie als ganz junges Mädchen weit unten an der Tafel saß. Der Herzog hatte als Tischdame eine entsprechend würdige ältere, aber wahrscheinlich weniger liebreizende Frau. Als der Herzog nach dem Essen den Ball zu eröffnen hatte, forderte er zum ersten Tanz nicht etwa seine Tischdame - wie sich das gehört hätte - auf, sondern ging die lange Tafel hinunter zu meiner Großmutter und bat diese um den ersten Tanz. Heute wäre dies eine Schlagzeile in einer Boulevard-Zeitung wert gewesen, und auch damals war es sicherlich ein nicht geringer Skandal. Meine Großmutter erinnerte sich aber an diese Geschichte verständlicherweise noch bis ins hohe Alter gerne. - Meine Großeltern waren, wenn auch nicht sehr nah, aber doch verwandt, so daß sie sich von Kindesbeinen an kannten. Meine Großmutter war um zwei Jahre älter als mein Großvater, und diesem Umstand verdankt letzterer insofern sein Leben, als die ca. sechsjährige Cousine ihren kleineren Vetter aus einer Regentonne ziehen konnte, in die er gefallen war und in der er ansonsten wohl ertrunken wäre. Die beiden heirateten, als mein Großvater erst 23 war. Als Offizier brauchte er wegen seines jugendlichen Alters eine Sondergenehmigung, für die unter anderem der Nachweis Voraussetzung war, daß er in der Lage war, seine Frau standesgemäß zu unterhalten. Den beiden war eine 47jährige Ehe beschieden, deren äußeren Umstände typisch für Angehörige ihres Standes in der ersten Hälfte dieses Jahrhunderts waren: saß man in jungen Jahren noch an der Tafel des Kaisers (von der man allerdings, wie meine Großmutter erzählte, meistens hungrig aufstand, da man nicht weiteressen durfte, sobald der Kaiser mit einem Gang fertig war. Da die-

ser zu essen begann, während man selbst noch auf die Bedienung warte-
te, wurde einem der Teller schon wieder fortgezogen, nachdem man erst
ein paar Happen zu sich genommen hatte), so mußte man in seinen letzten Jahren für seine täglichen Mahlzeiten selbst Sorge tragen. Dies allerdings meisterten die beiden bestens; allerdings wird behauptet, daß
meine Großmutter, wenn sie am Kochherd stand, in der einen Hand den
Kochlöffel, in der anderen aber ein Buch hatte, das in den seltensten Fällen ein Kochbuch war. Beide Ehepartner wären nämlich sehr vielseitig
interessiert. Bei meiner Großmutter zeigte sich dieses bereits in jungen
Jahren insofern, als sie an der Sorbonne in Paris wie an der Universität
London Vorlesungen hörte, was für eine Frau in damaliger Zeit etwas
Außergewöhnliches war. In ihren jungen Jahren war meine Großmutter
außerdem sehr sportlich, so konnte sie perfekt reiten; Fotografien von ihr
hoch zu Roß - natürlich im "Damensitz" - sind erhalten. Zur Ausbildung
einer "höheren Tochter" gehörte damals die Malkunst; auch hier entwik-
kelte meine Großmutter nicht geringe Fähigkeiten. Ich besitze von ihr
noch einige Bilder, deren Qualität einen bedauern läßt, daß sie diese Beschäftigung später aufgab. Ihre geistige Beweglichkeit behielt meine Großmutter ihr ganzes Leben lang. Hoch in ihren Achtzigern klagte sie allerdings darüber, daß sie nun doch wohl alt werde, sie könne bei der sie
besonders interessierenden Vor- und Frühgeschichte jetzt das steinzeitli-
che Jungpaläolithikum gar nicht mehr so richtig vom Mesolithikum ab-
grenzen!

Neben den Ruhestätten meiner Großeltern liegt mein Vater begraben, der
1900 in Hamburg geboren wurde und 1988 in Ricklingen, wo er seit
1946 gelebt hatte, gestorben ist. 1917 trat er als Kriegsfreiwilliger in das
Ulanen-Regiment Nr. 3, Fürstenwalde, ein, und zwar als dessen letztes
Mitglied, weshalb er schmunzelnd meinte, daß er also von gewisser ge-
schichtlicher Bedeutung sei. Lebendige Historie verkörperte er aber wirklich für einen mir bekannten finnischen Geschichtsstudenten, als mein
Vater diesem erzählte, daß er 1918 als Fahnenjunker unter Mannersheim
an den Kämpfen in Finnland teilgenommen hatte, die zur Befreiung des
Landes von den Bolschewiken führten. Mein Vater studierte dann Landwirtschaft, konnte aber nicht, wie vorgesehen, ein Gut in Ostdeutschland
übernehmen, da durch die Inflation das Kapital seines vormals vermö-
genden Vaters nicht mehr ausreichte, einen landwirtschaftlichen Besitz
dieser Größenordnung zu erwerben. Mit seiner ersten Ehefrau wanderte

er daher nach Kanada aus, von wo er jedoch wegen einer Krankheit seiner Frau nach einigen Jahren wieder zurückkehren mußte. In Oberbayern erwarb er dann einen wunderschön gelegenen Hof mit einem prächtigen, aber unter heutigen Gesichtspunkten nicht gerade sehr modern eingerichteten Wohngebäude. Das fließende Wasser bestand zum Beispiel aus einer offenen Rinne, die das frische Quellwasser vom Hof in die Küche leitete. Dies entsetzte insbesondere eine sehr vornehme und auf äußerste Reinlichkeit bedachte Tante, der aber bedeutet wurde, daß es doch nichts Besseres als frisches Quellwasser gäbe; zudem würde ja eventuelles Ungeziefer durch ein Sieb abgefangen. Was ansonsten nie passierte, mußte natürlich ausgerechnet bei dieser Tante geschehen: sie hielt ihr Zahnputzglas an die Wasserrinne und - schwupp! - war ein Frosch in ihrem Glas! Den Entsetzensschrei der Tante kann man sich gut vorstellen. - Meine Eltern erlebten hier im Chiemgau ein paar schöne Jahre; kurz vor Kriegsbeginn 1939 wurde der Hof aber verpachtet, und mein Vater ging als Platzlandwirt an den Flughafen in Perleberg. Um diesen Flughafen vor feindlichen Angriffen zu schützen, wurde er gut getarnt; ein hölzerner Schein-Flughafen sollte die Angreifer täuschen. Was fand man eines Tages auf dem Gelände: die Engländer, den Trick durchschauend, hatten in ihrem Sinn für Humor Holzbomben abgeworfen!

Mein Vater wurde dann nach Kreta versetzt, wo er - im Gegensatz zu so manch anderem Deutschen viel Gutes für die Bevölkerung bewirken konnte. So erreichte er es mit großen Mühen, daß deutsche Soldaten nicht, wie angedroht, als Strafaktion gegenüber einer Dorfbevölkerung einen Olivenhain fällten, der deren einziger wertvoller Besitz war. Als mein Vater Jahrzehnte später Kreta wieder besuchte und mit seinem Maulesel, den er für diese Wanderungen erworben hatte, auch das besagte Dorf passierte, wurde er wiedererkannt und nun aus Dankbarkeit wie ein Held gefeiert und mit einem großen Fest geehrt. Das ganze Dorf nahm hieran teil: jeder half bei den Vorbereitungen, indem Brennmaterialien gesammelt und aufgeschichtet, Hühner geschlachtet und gerupft wurden, die Frauen kochten und brieten, die Männer sorgten für den Alkohol, so daß dann bei bestem Essen, vielen Litern Wein und lauter Musik bis in die tiefe Nacht hinein gefeiert werden konnte.

Diese und ähnliche Geschichten erzählte mein Vater gerne, das Schöne aber war, daß er bis ins hohe Alter hinein geistig rege und so manchem Jüngeren überlegen war. Er trainierte dies allerdings auch sehr, so vertiefte er noch mit weit über achtzig Jahren seine Griechisch-Kenntnisse (wenn er in seinem geliebten Garten arbeitete, hatte er immer ein deutsch-griechisches Lexikon im Schafte seines Stiefels stecken; auch am Klo lag meistens eine griechische Zeitung). Eine seiner Übungen war es, die amerikanischen Staaten mit ihren Hauptstädten auswendig zu lernen; etwas mehr Probleme hatte er, all die neuen afrikanischen Länder aufzusagen. Er sah gerne und viel fern, verarbeitete das Gesehene aber auch, indem er hierüber Diskussionen führte. Seine Naturverbundenheit bei wachem Interesse für alles Gegenwärtige zeigt folgendes Bild: Gern beteiligte er sich im Sommer nach getaner Gartenarbeit an der abendlichen Klönstunde auf dem Hof, zu der sich die Familie und Nachbarn bei der "Goldenen Bank" (sie war ein Geschenk zur Goldenen Hochzeit, daher der Name) trafen. Pünktlich ein paar Minuten vor acht sagte mein Vater, der keine Uhr trug: "Die Sonne steht über der Ulme, es wird Zeit, ich muß zur Tagesschau!". - In seiner ganzen Lebensführung - sei es in Ernährungsfragen, sei es beim Gartenbau - realisierte mein Vater Grundsätze, die man heute als "öko-bewußt" bis hin zu "grün" bezeichnet. Viele Jahrzehnte, bevor diese Begriffe aufkamen, richtete er sich bereits nach diesen Prinzipien, so daß man ihn quasi - wenn auch nicht im politischen Sinne - als "frühen Grünen" bezeichnen kann. (Wie unpolitisch er war, zeigte sich zum Beispiel im "Dritten Reich", als er einen Nazi-Parteibonzen fragte, welches Vereinsabzeichen dieser da denn trage, wobei er auf die Parteinadel des Befragten wies). Grün in diesem unpolitischen Sinne verlief eigentlich sein ganzes Leben, wobei er mit Freude registrieren konnte, daß je länger er lebte, desto mehr Menschen zu der ihn schon immer bestimmenden Überzeugung kamen. Besonders deutlich wurde dies natürlich in dem von ihm seit eh und je verfolgten Prinzip des ökologisch-biologischen Gartenbaus, und zwar nahm dies zum Teil schon fast verschroben anmutende Ausmaße an - so wenn er seine Barthaare oder Kaffeereste sammelte oder aber eine Regenwurmzucht betrieb, da diese Tiere ja so nützlich für den Kompost seien -. Aber nichtsdestotrotz sammelte er eine beachtenswerte Zahl von Jüngern um sich, die ihn ob seiner Überzeugungen bewunderten und ihm nacheiferten, wissend, daß - wie es der Pastor bei seiner Trauerfeier in eindeutig zweideutigem Sinne ausdrückte - er nie "mit Gift um sich streute". So war er bei alt wie jung beliebt und verehrt, in seiner Klugheit bewundert, was in dem Ausspruch seiner Enkelin Benita gipfelte: "Er ist der einzige weise Mensch, den ich kenne". Ein gnädiges Schicksal ließ ihn ohne jede Krankheit oder sonstige Vorzeichen urplötzlich beim Zubettgehen sterben. Er war 88 Jahre geworden - die acht war für ihn immer eine besondere Zahl.

Vor dem Grab meines Vaters befindet sich nun auch schon das Grab meiner Schwester Renate, genannt Tingel. Ihr viel zu früher Tod nach einer mit bewunderungswürdiger Haltung ertragenen Krebskrankheit hat uns alle tief betroffen gemacht. Viele Erinnerungen aus zusammen verbrachten Kinderzeiten stehen einem vor Augen, und man hatte gehofft, auch gemeinsam alt zu werden, zumal sie ja nun gerade seit zwei Jahren wieder auf dem Edelhof wohnte. Das Schicksal hat es anders gewollt. Tingels besonderes Charakteristikum war ihre große Lebensfreude, mit der sie offen auf jeden Menschen zuging. Sie war optimistisch, ohne oberflächlich zu sein, vermittelte nicht nur Freude, sondern nahm sich auch der Probleme ihrer Mitmenschen an, so daß sie allseits beliebt war, wenn nicht gar von allen geliebt wurde. Dies zeigte sich auch darin, daß sie in der kurzen Zeit, die ihr auf dem Edelhof nur noch zur Verfügung stand, bereits wieder einen zahlreichen Freundeskreis um sich scharte. Eine beeindruckend große Zahl alter wie neuer Freunde begleitete sie nach einer bewegenden, aber doch Dankbarkeit ausstrahlenden Trauerfeier in der Edelhofkapelle auf ihrem letzten Weg zum Michaelis-Friedhof.

Nun haben wir am Heiligen Abend auf dem Michaelis-Friedhof eine weitere Kerze anzuzünden: Seit dem Tode meines Großvaters, der ja auch kurz vor Weihnachten starb, gehen wir am Nachmittag jedes 24. Dezembers hierher und entzünden die Lichter auf einem Tannenbaum und einzelne Kerzen auf den Gräbern. Dies geschieht nicht nur bei den allernächsten Angehörigen, sondern Lichter als Zeichen der Verbundenheit erhalten auch die Grabstellen der im weiteren Sinne zur Familie gehörenden Toten: so zum Beispiel das von "Vetter Fritz" Kronbiegel oder der Tanten Anna und Else Egloffstein. Wenn wir dann den Rückweg antreten, um durch den Wald und Park zur Kapelle zu gehen, grüßen - so es der Wind zuläßt - uns noch lange zahlreiche Lichter, denen wir bald darauf am Weihnachtsbaum als Zeichen der Freude und Hoffnung wiederbegegnen.

Von der Bauerwiese zurück zum Edelhof

Wandern wir nun die Straße "An der Bauerwiese" weiter - sie heißt wirklich so, irgendwie scheint das "n" verlorengegangen zu sein - fällt unser Blick unweigerlich auf eine brutale Bausünde aus dem Anfang der 70er Jahre: ein langgestrecktes Hochhaus mit bis zu zwölf Stockwerken verschandelt den zuvor hier herrschenden harmonischen Übergang ins Landschaftsschutzgebiet. Lange Zeit haben wir im Rahmen einer Bürgerinitiative gegen dieses Projekt gekämpft; dabei wollten wir nicht eine Bebauung an sich verhindern, sondern plädierten lediglich für eine den landschaftlichen Gegebenheiten und den vorhandenen Baustrukturen angepaßte Architektur. Wir konnten zwar erreichen, daß das Volumen dieses Gebäudekomplexes etwas verringert wurde, letztendlich war es aber ein Kampf gegen Windmühlenflügel. Der ganzen Protestaktion wurde zwar seitens der städtischen Bauverwaltung ein sehr demokratischer Anstrich verliehen - so durften erstmals in der Geschichte des Bauausschusses ein Vertreter des Bauträgers, ein Rechtsberater der Bürgerinitiative und ich ihre Meinungen in einer seiner Sitzungen kundtun -, man hatte aber den Eindruck, als ob längst alles vorher ein "abgekartetes Spiel" war. Darüberhinaus ging das Gerücht, daß bei der Vorgeschichte der Baugenehmigung nicht alles mit rechten Dingen zugegangen sei. Am harmlosesten war hierbei noch der Vorwurf, daß die amtliche Hochwassergrenze zur Ermöglichung der gewünschten Bebauung verlegt worden sei. Das Wasser kümmerte sich allerdings einige Jahre später nicht um Planungsgrenzen und floß stattdessen in die Tiefgarage des Hochhauses, so daß mehrere Autos "absoffen". Trotz all unserer Aktivitäten mußten wir es also hinnehmen, daß es zu diesem Bau kam; übrigens dem letzten dieser Art in Hannover, denn bald danach waren auch in der offiziellen Bauphilosophie derartige Massensilos überholt.

Eines Mannes soll hier gedacht werden, der sich erfolgreich dem Begehren der Baulöwen und auch der Versuchung des Mammons widersetzte: In einem Garten voller wunderschöner alter Apfelbäume, den man zu gern in das Hochhausprojekt einbezogen hätte, betrieb der einsiedlerisch

93

lebende Imker Vietze seine Bienenzucht und hielt nebenbei allerlei weitere Kleintiere. Alle verlockenden Angebote, die ihm einen Umzug "vergolden" sollten, lehnte Vietze jedoch ab und nahm in Kauf, daß ihm das Hochhaus direkt "vor die Nase" gesetzt wurde. In seinem Testament wurde übrigens unser junger Pastor mit den Vietzeschen Bienenstöcken bedacht, wodurch dieser sich mittels entsprechender Fachliteratur ein Wissen über den Umgang mit Bienen zulegen mußte. Diese Erbschaft war ihm aber dennoch lieber als die nicht wenigen Fernsehapparate, die er gleich von mehreren alten Damen geerbt hatte und die nun seinen Keller füllten.- Das Anwesen von Vietze erwarben zwei befreundete junge Männer, die sich später allerdings so zerstritten, daß sie das an sich schon nicht sehr geräumige Haus mit einer trennenden Innenmauer und zwei Aufgängen versahen, um eine Begegnung weitestgehend zu vermeiden. Bald nach dem Kauf des Hauses erlebten sie eine Überraschung: als sie von einer Silvesterfeier nachhause kamen, war ihr Haus durch ein plötzlich eingetretenes Hochwasser nur mittels Boot zu erreichen - aber woher bekommt man ein solches so schnell? Dieses 86/87er Hochwasser bescherte den Gästen in der nahegelegenen Waldgaststätte ebenfalls ein unvergeßliches Silvesterfest: wer kann schon sagen, daß er beim Tanzen plötzlich nasse Füße bekommen hat und von der Feuerwehr aus dem Festsaal gerudert wurde?

Wir gehen dann den Hahnensteg entlang, das wenig schöne Wohnhaus an der Ecke zur Bauerwiese, mit dem die Architektursünden in diesem Bereich begannen, "mißachtend", dafür uns über den Endersschen Garten freuend, der buchstäblich in letzter Minute seinem bereits besiegelten Schicksal als Großparkplatz entging. Linkerhand erinnern auch hier zwei Fachwerkhäuser an das alte Dorf; das ehemals Willführsche weist insofern eine Besonderheit auf, als es von hinten sein schmuckes Fachwerk zu erkennen gibt, von vorn aber "hochherrschaftlich" mit einem Säulenportal verbrämt ist - als gäbe es etwas zu verbergen! Immerhin ist eine solche Maßnahme besser als ein Abriß und mißlungener Neubau.

Die bis zu ihrem Tod in diesem Haus lebende letzte Trägerin des Namens Willführ hat sich stets für die möglichst weitgehende Erhaltung der alten Gebäudesubstanz in Ricklingen eingesetzt.Dieser Lucie Willführ, deren Herz für Ricklingen schlug, sei daher Dank gesagt, stellvertretend für alle, die die geistigen, körperlichen und finanziellen Mühen und Belastungen nicht scheuten, um Ricklingens Identität zu wahren und es nicht in ein seelenloses Allerlei versinken zu lassen. Alt- wie Neu-Ricklinger wissen zu schätzen, daß sie hier leben dürfen - nur wenig entfernt von der Mitte der Stadt und dennoch fast wie auf dem Lande. Natürlich ist letzteres etwas übertrieben, aber immerhin liegt eine schöne Landschaft direkt vor der Tür, und die baulichen Relikte des Landlebens wie das Wissen um die ländlich geprägte Vergangenheit vermitteln auch den heutigen Menschen das Gefühl, nicht in einer Massengesellschaft unterzugehen, sondern sich seiner zwischenmenschlichen Zusammengehörigkeit bewußt zu werden - und sich dieser zu erfreuen. Es wäre mir ein Glück, wenn ich hierzu ein Quentchen hätte beitragen können.

Stiftung Edelhof Ricklingen
V. J. v. der Osten

Die Stiftung Edelhof Ricklingen fördert und unterstützt Maßnahmen in
den Bereichen:

- der Kranken- und Altenpflege

- der Kunst und Kultur

- des Denkmal- inkl. Gartendenkmalschutzes

Diese Stiftungszwecke werden beispielsweise verwirklicht durch
Hilfen für Behinderte
Förderung des Rollstuhlsports
Unterstützung junger Künstler
Pflege der internationalen Kulturbeziehungen
Zuschüsse für die Reparatur denkmalgeschützter Gebäude
Zuwendungen an bedürftige Studenten der Gartendenkmalpflege

Die Stiftung hilft insbesondere in solchen Fällen, die der Allgemeinheit
wenig oder nicht bekannt sind, denn gerade hier ist Unterstützung
besonders wichtig.

Helfen Sie der Stiftung helfen !

Da die Stiftung als gemeinnützig anerkannt ist, können Spenden-
bescheinigungen für steuerliche Zwecke ausgestellt werden.
Ihre Spende kommt in voller Höhe den Förderzwecken zugute, da die
Stiftung aufgrund der ehrenamtlichen Tätigkeit aller Beteiligten keine
Verwaltungskosten hat.

Weitere Informationen bei
Stiftung Edelhof Ricklingen, Am Edelhofe 1, 30459 Hannover
Tel. 0511 / 42 27 21 - Fax 0511 / 42 78 21
Konto: Hallbaum-Bank Hannover Nr. 095 091 (BLZ 250 601 80)